一生お金に困らない！

13歳からの「お金」のキホン

ファイナンシャルプランナー
横山光昭

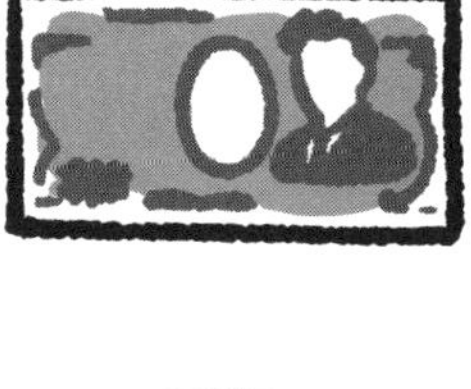

PHP

はじめに

この本を手に取ってくれたみなさんは、きっと「お金」に関心があるのだと思います。何といっても、タイトルに「一生お金に困らない！」とありますしね。

でも、お金について教えてくれる人が誰もいない。お母さんには「むだ遣いをしてはいけません」といわれるだけだし、お父さんに「うちのお金って、どうなっているの？」と聞いたら「子どもはお金のことなんて気にしなくていい」といわれてしまった、という人も多いのではないでしょうか。

そんなみなさんに、一生「お金」について困らないですむ方法を、できるだけわかりやすく伝えたい。そう思って、私はこの本を書くことにしました。

自己紹介が遅れました。私は、ファイナンシャルプランナーの横山光昭《よこやまみつあき》といいます。ほかに「家計再生コンサルタント」という肩書も持っていて、お金に関するさまざまな相談に応《こた》える仕事をしています。

お金を貯《た》めることが苦手な人がお金を貯められるようになるお手伝いをしたり、お金を増やす方法についてアドバイスをしたりするのが、おもな仕事です。

この本でも、私はお金のプロとして、むだ遣いをしないようなお金の使い方や、お金を貯めるためのコツ、そして持っているお金を増やす方法を、みなさんにお伝えしようと思っています。


実は、もともと私はお金があったらあるだけ使ってしまうタイプです。だから、ついむだ遣いしてしまう人の気持ちもわかります。でも、「このままじゃダメだ。将来、自分のやりたいことが全然できなくなってしまうかもしれない」と思って、お金の勉強を始めたのです。

お金は、おもに食べ物や洋服を買ったり、水道代や電気代を払ったりと、日々の生活を送るために使いますが、大人になれば、年金や税金を払うために使う必要も出てきます。

でも、そうやって使ってばかりいるとすぐにお金はなくなって、生活に困ることになってしまいます。「ゲームクリエイターになりたい」「パティシエになりたい」という夢も、叶《かな》えられなくなってしまうかもしれません。

お金は、生活をしていくためだけのものではなく、自分の人生を輝かせるため、なりたい自分になるために必要なものなのです。だから、ただ「使う」だけでも、ただ「貯める」だけでもダメで、上手に使って賢《かしこ》く貯め、さらに「増やす」ことが大切なのです。

その方法について勉強を始めるのに、「早すぎる」ということはありません。2022年4月から、高校でお金についての授業が始まりました。もちろん、高校生になってから学び始めてもいいのですが、やはりお金には少しむずかしいところがあって、うまく使いこなせるようになるには時間がかかります。

そして実は、**お金について学び始めるのが早ければ早いほど、「お金をたくさん増やす」ことができるのです。**ちょっと、やる気が出てきませんか？

この本の中にも、ときどきむずかしい言葉が出てきたり、文章がわかりにくいところがあったりすると思います。そういうときはぜひ、お父さんお母さんや家の人に聞いたりして、一緒に調べながら、読み進めていってください。

お金とのつき合い方や、貯め方、増やし方のコツを今から学んでおけば、将来、絶対にお金に困ることはありません。みなさんには、お金にも心にも余裕《よゆう》を持って、自由に自分の人生を送ってほしい。私は、そう願っています。

そして最後に、お父さんお母さん。ぜひ、この本をきっかけに、家族でお金の話をしてみませんか？　子どもだけでなく、ご自身にも金融《きんゆう》リテラシーが身につき、お金に関する悩みや不安を解消する糸口が見つけられるはずです。

一生お金に困らない！　13歳からの「お金」のキホン　もくじ

第1章

お金の役割を考えてみよう

第2章

お金は賢く使えるようにしよう

第3章 お金の稼ぎ方

第4章

お金の貯め方・増やし方

第5章

世の中のお金のことを知ろう

第1章

お金の役割を考えてみよう

お金とは何だろう？どこからくるの？

◆お小遣いは、親が一生けんめい働いて得たお金

お金は、ものを買うとき、電車やバスに乗るときなど、生活のいろいろな場面でやり取りされています。こうしたお金のやり取りや、社会に必要なものを生産し、私たちのもとに届けられる流通システムを「経済《けいざい》」といいます。

では、経済に必要な「お金」はどこからくるものなのでしょう。最初からお財布の中に入っているものでもなければ、何もないところからパッと出てくるものでもありませんね。

ここで、みなさんがもらっている「お小遣い」を考えてみましょう。お父さんやお母さんからお小遣いをもらっているなら、お父さんやお母さんはどこか

らお金をもらったのでしょうか。

お父さんお母さんが会社勤《づと》めをしているのなら、会社？　そうです。会社は社員（お父さんやお母さん）の労働の見返りとして、お金（給料）を支払います。お小遣いは、その一部。つまり、お父さんやお母さんが一生けんめい働いて得たお金から、お小遣いを渡してくれているのです。

お金はグルグル回っている

お小遣いの出どころが、お父さんやお母さんが働いている会社だということからもわかるように、**お金は「移動していくもの」**です。

たとえば、お菓子の代金として払ったお金はお店に入りますが、お店はそのお金で、お菓子メーカーからお菓子を仕入れます。お菓子メーカーは、お店から支払われたお菓子の代金を、会社で働く人たちに給料として支払ったり、工場に新しい設備を買ったりする……というように、お金はグルグルと世の中をめぐっているのです。

また、お父さんお母さんや会社は、国や地方自治体に税金を納めています。

国や地方自治体はその税金で学校を建てたり、道路を整備したり、快適な生活を守るためにゴミの収集や処理をしたり、安全を守るために警察や消防活動を行ったりといった「公共サービス」を充実させていきます。

このように、**お金というのはいろいろな流れの中を移動していて、この流れが社会を動かしているのです。**人間の体でたとえると、お金は体じゅうをめぐって脳や心臓、手や足を動かす血液のようなもの。だから、社会を正常に動かすために、お金はなくてはならないものなのです。

なお、**お金を使うことを「消費《しょうひ》」といい、お金を払う人のことを「消費《しょうひ》者《しゃ》」**といいます。私たちも消費者の1人で、「欲しいものやいいと思う商品にお金を払っている＝消費」しているわけです。

お金を払うことは、そのお店や商品、商品を作っている会社を応援することでもあります。欲しくない商品や、いいと思わない商品にお金を払う人はいないでしょう。すると、その商品はやがて姿を消してしまうかもしれません。

こうして世の中が変わっていくことを考えると、お金の力というのは、とても大きいことがわかりますね。

お金が回るしくみ

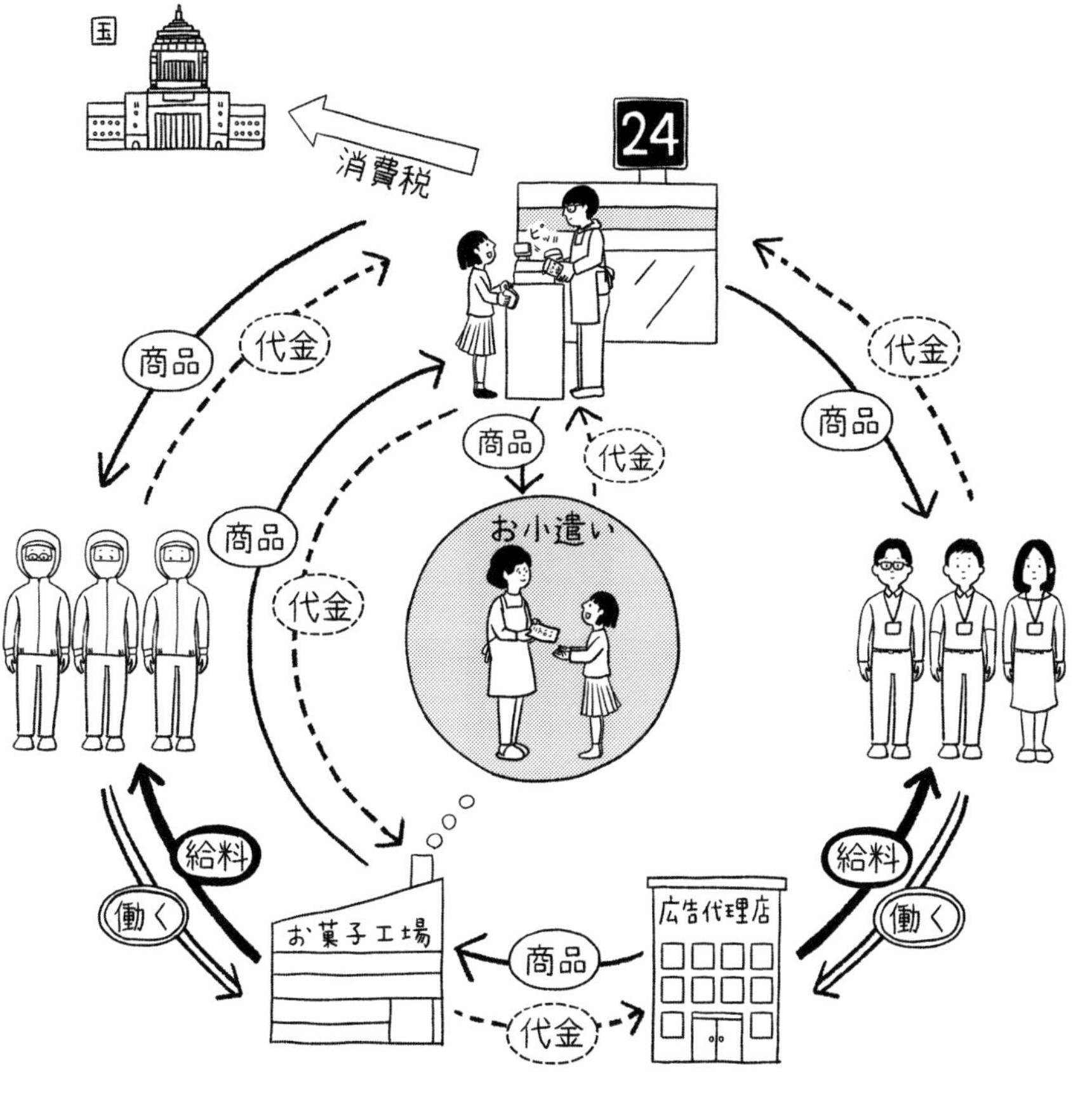

たとえば、お菓子を買うとき、お金をお店に払いますが、そのお金をお店がひとりじめするわけではなく、お菓子を仕入れた代金としてお菓子を作る会社に支払う必要があります。お菓子を作る会社も社長がひとりじめするのではなく、そのお金で社員に給料を支払ったりする……というように、お金はどんどん移動して世の中をめぐっているのです。

お金には役割がある

◆お金の3つの役割

あらためて考えてみると、不思議ではありませんか？　千円札も一万円札も、いってみれば「ただの紙」。500円硬貨《こうか》だって「金属のかたまり」にすぎません。それなのに、どうしていろいろなものが買えるのでしょう。それは、**「円」というものを、みんなが「お金だと信用している」からです。**

実は、お金には「ものを買える」を含めて次の3つの役割があります。

①ものと交換できる

これが、「お金でものを買える」ということです。お金がなかった大昔は、

役割 1
ものと交換できる

役割 2
ものの価値をはかれる

役割 3
ものの価値を保存できる

「物々交換《ぶつぶつこうかん》」といって、ものとものを交換して、欲しいものを手に入れていましたが、お互いの欲しいものが合わないと交換できないので、不便でした。しかし、お金なら、そのものの代金を支払えば、すぐに手に入れることができます。

②ものの価値をはかれる

お店に行くと商品には必ず値段がついていて、それを見比べながら、どちらが安いか高いかを判断したり商品の価値を知ったりするように、お金は誰もが等しく価値を理解するために必要なものなのです。

③ものの価値を保存できる

お金は食べ物のように腐《くさ》ることがないので、長く保存しておくことができます。つまり、いつまでも価値が続くのですが、その価値は時代や社会の状況によって変化します。

お金はどこで作られる？

◆製造場所が異なる「紙幣」と「硬貨」

同じお金でも、紙幣《しへい》と硬貨《こうか》ではそれぞれ製造場所が異なります。

日本の紙幣は、日本銀行《にっぽんぎんこう》に頼まれた国立印刷局《こくりついんさつきょく》が製造や印刷を行っていて、できあがった紙幣はいったん日本銀行に納められます。

一方、硬貨が作られているのは、日本政府が製造を頼んでいる造幣局《ぞうへいきょく》。できあがった硬貨は政府から日本銀行に交付《こうふ》（発行）されます。

このように**紙幣と硬貨は、作られる場所は異なりますが、いずれも日本銀行から世の中へと送り出されています。**

ちなみに、２０２４年現在発行されている紙幣を除くと、過去には18種類の

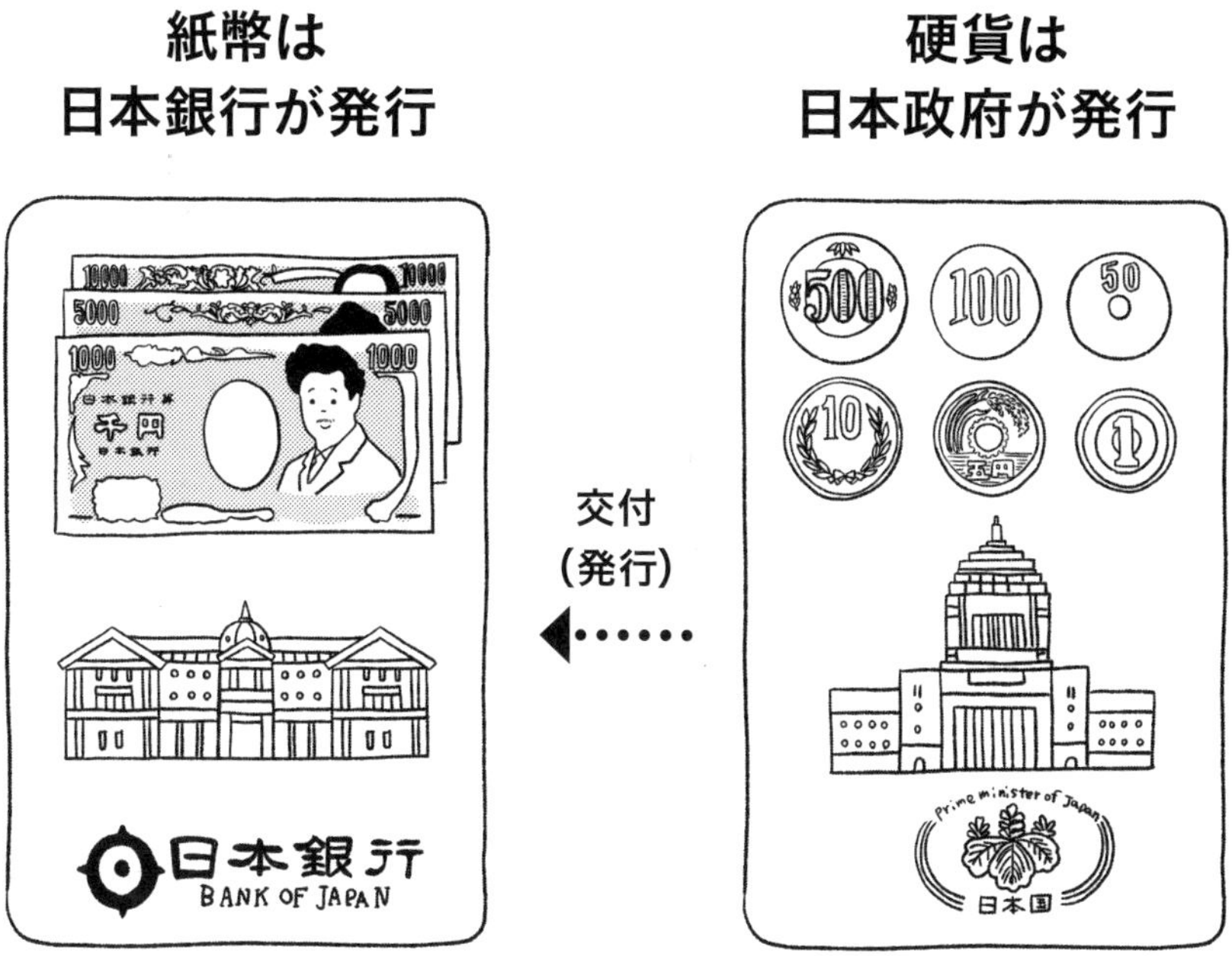

お札が発行されてきました。基本的には、過去の紙幣もずっと使えることになっていて、日本銀行に行けば現在の紙幣と交換してもらうことも可能です。

勝手に印刷するのは違法

「偽札《にせさつ》」という言葉を聞いたことがありませんか？ 今はコピー機も高性能になって、本物そっくりのお札が作れてしまうようです。しかし、法律で「貨幣《かへい》の製造や発行は政府が行うこと」「政府は貨幣の製造に関する事務を造幣局に行わせること」と定められていて、勝手にお札を印刷すると無期または3年以上の懲役《ちょうえき》が科せられます。

生活するにはお金がかかる

私たちは、ものを買うときにだけお金を払っているわけではありません。暮らしている家やマンションの住居費《じゅうきょひ》（家賃）や食費、水道代や電気代といった光熱費《こうねつひ》など、生活する上で欠かせないものに対してもお金を払っています。また、趣味や娯楽《ごらく》に使うお金、友達と食事をするためのお金も必要です。

総務省統計局《そうむしょうとうけいきょく》の家計調査によると、４人世帯《せたい》における２０２２年の水道光熱費は、１か月あたりの平均額が２万４２９６円。その内訳は、電気代が１万３０１６円、ガス代が５１７５円、上下水道料が５５８５円、そのほかの光熱費が５２０円となっています。光熱費は、１～３月の寒い時期に平均額が上がる傾向《けいこう》に。光熱費だけでなく、自分の家の生活費は平均と比べてどうなっているか、一度、家の人に聞いてみましょう。

生活にかかるお金

住居費

住んでいる場所に対して払うお金。一戸建て、マンション、アパート、賃貸・購入など、住居の形態によってかかる費用は異なります。

電気代

テレビ、冷蔵庫、照明、エアコン、パソコンなど電気で動いているものすべてに、電気代がかかります。

水道代

家の中には、キッチン、お風呂、トイレ、洗面台など水を使う場所がたくさん。

ガス代

IHのコンロを使っている家も増えましたが、まだまだガスコンロを使っている家も少なくありません。自分の家では？

食費

毎日の食事を作るために必要な材料費＝食費。さらに外食やテイクアウトの際のお金も食費です。

日用品代

ティッシュペーパーや洗剤など、生活に必要な細々とした雑貨代。

通信費

スマートフォン代にインターネット代、通話料金も。

交通費

電車やバスの運賃や、自動車のガソリン代も交通費です。

※ほかに、映画やコンサートなど趣味のための「娯楽費」、通院や入院のほか薬を買うための費用「医療費」、友達との飲食にかかる「交際費」など。

お金にも歴史がある

◆稲や貝殻、布などがお金の始まり

大昔は、肉や魚など、ものとものを交換する「物々交換」が行われていましたが、それはお互いの希望が一致しないと成立しません。そこで、多くの人がものを持ち寄る市場ができました。ただ、肉や魚は腐りやすいため、誰もが欲しくて腐りにくい稲や貝殻、布などが交換の仲立ちとして使われるようになります。これが「お金」の始まりで、ものを買うお金として使うため「物品貨《ぶっぴんか》幣《へい》」と呼ばれます。紀元前1500年頃の中国で生まれたとされています。

ただ、物品貨幣は持ち運びに不便で、壊《こわ》れやすかったため、金や銀、銅などの貴金属が「金属貨幣《きんぞくかへい》」として使われるようになります。やがて金属を決まっ

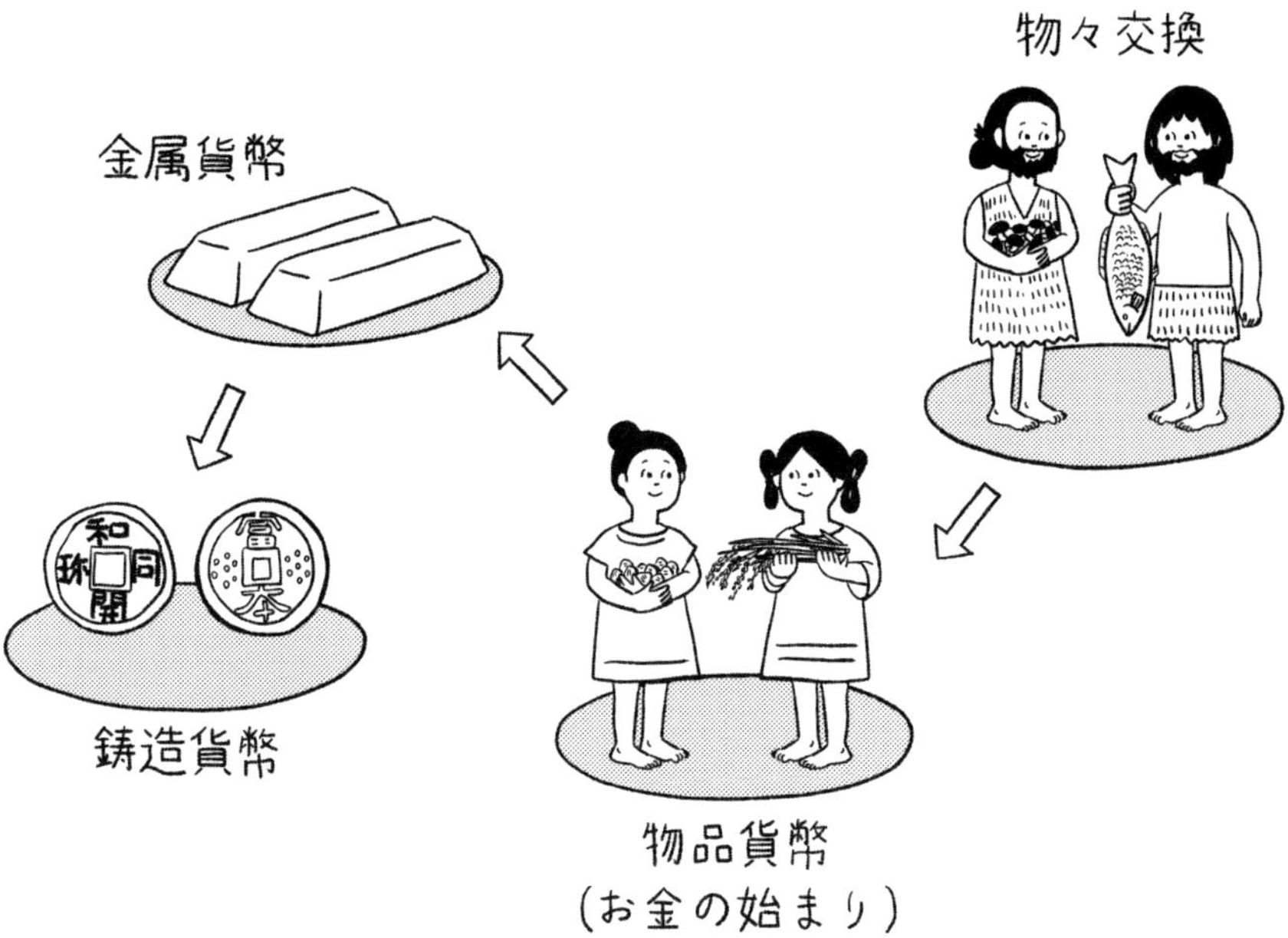

た形に鋳造《ちゅうぞう》した「鋳造貨幣《ちゅうぞうかへい》」（金貨や銀貨）が登場しました。

その後、10世紀の中国で、硬貨を政府に預《あず》け、紙の預り証「交子《こうし》」を受け取るように。これが「紙幣《しへい》」の始まりです。

お金と「信用」

国と国の交易《こうえき》が盛んになると、金《きん》とお金を一定の基準で交換することを国が保証する制度「金本位制《きんほんいせい》」が生まれました。その後、金の保有量と関係なく政府がお金を発行する「管理通貨制度《かんりつうかせいど》」に。これは、金と交換できなくても、国がお金の価値を保証していて、国が信用されているからこそ成り立つ制度です。

コラム

横山家のお金事情①

家族マネー会議

わが家では月に一度、「家族マネー会議」を開いています。参加メンバーは、今は長女が結婚して独立したので家族7人（私と妻＋4女1男）です。

家族マネー会議の基本ルールは、「毎月開催」「家族全員参加」のほか、家族のコミュニケーションの場として、お金のことだけでなく「くだらない話もする」、そして「意見があったらその場で発言。お互い、後で文句をいわない」です。

会議ではまず、わが家の収入を子どもたちに伝えます。次に支出を伝え、「収入－支出」で、その月の貯蓄額《ちょちくがく》を発表します。

これらのことを、親から一方的に伝えて終わりではありません。親のお金の使い方について、子どもたちも「これは買う必要がなかったのでは？」とか「よく探せば、もう少し安い値段で買えたは

ず」などとツッコミを入れることができるのが、この会議の最大の特徴《とくちょう》です。このとき、子どもたちから鋭《するど》い意見が飛んでくることもあります。その場合は私も妻もきちんと説明し、反省すべきところは素直に反省します。子どもたちも、自分のお小遣いの使い方、使いみちで気になったり自慢したいところがあれば発表。ここでも、お互いに率直な意見をいい合います。その後、お小遣い支給タイムとなります。

子どもたちは、お小遣いだけでは買えないようなものが欲しい場合、「なぜ、それが必要なのか」をプレゼン（説明）します。その内容について家族みんなで話し合い、「本当に必要」なのか、「ただ欲しいだけ」なのかを判断。その結果、家族の過半数が「買ってもOK」といったら買うことができる、という流れです。

家族マネー会議の最大のメリットは、お互いにお金の使い方について話し合っているうちに「買っていいもの、買わなくてもいいもの」の判断力が身につくこと。むだ遣いをしがちな人は、家族の意見を聞いてみると、自分にとって本当に必要かどうかを考え直すことができるかもしれません。

ここからは、お父さんお母さんに向けての話です。これまで私がアドバイスをしてきたご家族のうち、毎月赤字になっている、貯金ができないというケースの多くが、夫婦が別々の財布で暮らしています。このパターンだと支出がブラックボックス化して、浪費が増えても気づきにくくなり、赤字を招きやすいのです。

夫婦間でお金の話をタブー視していては、子どもができたときにマネースタイルを変えにくくなります。夫婦間だけでなく、子どもたちとの間でもお金のタブーをなくしたい。そう思ったことが、わが家で「家族マネー会議」を開くきっかけとなりました。

「すべてをオープンにするのには抵抗がある」という方は、可能な範囲で家族でお金の話をする機会を作ってみては？　お金について自分以外の人の考えを聞く機会を増やすことは、子どもたちにとってお金との向き合い方を考える、とてもいい訓練になるはずです。

第2章

お金は賢く使えるようにしよう

大切なお小遣いは有意義に使おう

みなさんは、お小遣いをどんなふうにもらっているでしょうか？

「1か月500円」というように、月ごとに決まった金額をもらう「月額制」？　それとも「お手伝い1回20円」というように、働いたことに対するお礼としてお金をもらう「おだちん制」でしょうか。お小遣いが必要なときに、頼んでお金をもらう「申告制」の人や、お年玉や親戚《しんせき》からのお小遣いなど、特別なときにもらっている人もいるでしょう。

いずれにしても、**お金は無限にあるわけではありません。自由にいくらでも使えるわけではないからこそ、お金は「有意義に使う」ことが大事です。**みなさんは、お小遣いをどう使っていますか？

たとえば、お小遣い500円を持ってお祭りの縁日に行ったとしましょう。

わたあめやチョコバナナ、焼きそば……と魅力的なお店がいっぱい並んでいますが、金魚すくいがおもしろそう。「1回100円」とあります。お店のおじさんに100円を払ってすくってみると、すぐに紙が破けて金魚はすくえません。もう1回、100円払って挑戦するも、またまたすくえない。今度こそ！と3回目でようやく金魚をゲットできましたが、手元には200円しか残っていません。

それなのに、「かき氷200円」の看板を見たら食べたくなり、気づいたらお財布の中はからっぽ。明日から、友達と遊びに行ってもアイスも買えませんし、今月買おうと思っていたトレーディングカードも買えない……。

というように、そのときの気分に流されて欲しいものをどんどん買うとお小遣いが足りなくなり、本当に必要なもの、欲しかったものが買えなくなってしまいます。

「お小遣いが1000円だったらいいのに」と思うかもしれませんが、1000円に増えても、何も考えずに使えば、すぐになくなります。この章では、ものを買うときに意識したいこと、役に立つ知識を学んでいきましょう。

お金は計画的に使おう

◆「欲しいものリスト」を作る

「しまった！　お小遣いが足りない！」というピンチを招かないために大切なのは、お金を計画的に使うことです。

大事なのは、欲しいものを買う前に、学校や習いごとなどで必要なものがないかを考えること。まずは、欲しいものを書き出して「欲しいものリスト」を作ってみましょう。次に、そのリストを「必要なもの」と「ただ欲しいもの」とに分け、買うものの「優先順位《ゆうせんじゅんい》」を考えます。

優先順位が高いのは、「必要なもの」です。それを買った後、残ったお金で「ただ欲しいもの」を買います。ただし、欲しいものがない場合は、無理をし

て買う必要はありません。その分を、本当に欲しいものが出てきたときに使うために貯めておきましょう。

◆「何となく買い」をストップ！

今使えるお金はいくらなのか、お金が足りないのか足りているのかを、自分でわかっておくこともとても重要です。そうすれば、本当はそれほど欲しくないのにその場の雰囲気《ふんいき》に流されて買ってしまう「衝動《しょうどう》買い」や、友達が持っているからと買ってしまったり、「割引」や「人気商品」の表示につられて必要ないものまで買うことも防げますし、無理にがまんすることもなくなりますよ。

金銭感覚を身につけよう

お金の価値や使い方に対する感覚のことを「金銭感覚《きんせんかんかく》」といいます。たとえば、同じ1000円でも、それが高いか安いかという感じ方も金銭感覚です。**自分が使えるお金に対して、その商品が高いか安いか、世間ではどんな価値があるかなどを知っておくと、将来、自分がお金を稼《かせ》いで使うことになったとき、それがとても役に立ちます。**そのために、自分で買い物をする機会を増やして、実際の経験の中で金銭感覚を身につけていきましょう。

金銭感覚を身につける具体的な方法としては、まず、家の人と買い物に行くこと。お母さんやお父さんが買い物に行くときは、なるべく一緒に出かけて、たくさんある商品の中からなぜそれを選んだのか、聞いてみてください。

次に、複数のお店をチェックすること。新聞のチラシやインターネットなど

で、牛乳ならA店、野菜ならB店が安いなどといった情報を集めておくと、買い物の選択肢《せんたくし》が広がります。**安い商品はなぜ安いのかも考えることが大切です。**

そして、「お得」に敏感になりましょう。**お得とは、自分にとって有利、または条件がいいことです。**商品の値段や量、質などを見て、自分はどういうものをお得と感じるか、考えてみましょう。

なお、たとえば同じシャツでも値段が違うことがあります。そのとき、なぜ違うのかを見極めることも大切です。ブランド、色や形、質といった違いを比べて、自分はものを買うときに何を決め手にするか、考えましょう。

お金を管理する
～お小遣い帳をつけよう～

「欲しいものリスト」を作って、買うものの優先順位を考えているつもりなのに、「なぜか、いつの間にかお金がなくなってしまう」という人がいるかもしれません。でも、お金が足りなくなるのには理由があります。「なぜか、いつの間にか」ではなく、意識しないうちに「自分が使っているから」です。

「いつの間にかお金がなくなってしまう」という悩みを解決するためにも、お小遣い帳をつける習慣を身につけましょう。入金《にゅうきん》（入ったお金）、出金《しゅっきん》（使ったお金）、残高《ざんだか》（残ったお金）を記入することで、たし算やひき算をしながらお金のやりくりの練習ができますし、お金の出入りを自分で把握《はあく》しておくことで、金銭感覚も育っていきます。

お小遣い帳をつけることで、自分のお金の使い方のクセを知ったり、欲しい

お小遣い帳の例

日付	ことがら	入ったお金	使ったお金	残っているお金
1日	お小遣い	1000円		15000円
3日	コミック		500円	14500 円
15日	おじいちゃんから臨時収入	1000円		15500円
20日	お菓子		150円	15350円
25日	ジュース		200円	15150円

ものを買うための目標貯金額まで、あとどれくらいかがわかったりします。それによってお金を計画的に使えるようになりますし、上手に残せるようになります。

文具店などで、「お小遣い帳」として売られているものもありますし、普通のノートに線を引いて、「日付」と「ことがら（お金を使ったりもらったりしたもの、こと）」「入ったお金」「使ったお金」「残っているお金」という項目を作るのでもかまいません。

お小遣い帳とあわせて、欲しいもの、したいことを書き出した「計画表」を作ってみましょう。ためしに、「もし今10万円をもらったら」と仮定して、その使いみちを考えてみてください。

〝いい〟買い物、〝悪い〟買い物

高かったものを安く買うことができたりすると「いい買い物をしたね」といわれることがありますが、その場合の「いい買い物」には「得をしたね」という意味が込められています。

でも、ここでお話しする「いい買い物」はちょっと意味合いが違って、その商品を買うことが誰かのためになる、ということ。たとえば、きょうだいや友達に誕生日プレゼントを買うこと。自分のためではなく、プレゼントを渡す相手のことを思って買うのですから、〝いい〟買い物の1つです。

また、**社会がよりよくなるところにお金を使うのも〝いい〟買い物。**発展途《はってんと》上国《じょうこく》の原料や製品を適正な価格で買うことで、立場の弱い生産者や労働者を守ることを目的とした「フェアトレード品」や、困っている人をサポートして

いる会社の商品を探すといった選択ができるといいですね。

反対に、誰かを犠牲《ぎせい》にして自分だけいい思いをしたいとの考えから、生産者の人たちを安いお金と悪い環境《かんきょう》で働かせている会社の商品を買うことは〝悪い〟買い物といえるでしょう。

同じお金を使うのなら、買う人も売る人も幸せになれる「ウィンウィン」の買い物ができるといいですね。13ページで何かを買うと、そのお金はいろいろな人のところを回っていくとお話ししましたが、私たちはお金を使ってものを買うことを通して、世の中とつながっているのです。

◇価値を感じるモノゴトにお金を使おう

商品を買うことだけが、買い物ではありません。**お金を払って提供される商品を「モノ」といいますが、お金を払って提供される、形にならないものもあります。それを「サービス」といいます。**

たとえば、映画を観たり、レストランに行っておいしいディナーを食べたり、好きなアイドルのコンサートに行けば楽しい経験ができますね。また、毎日のごはん作り、掃除や洗濯で忙しいお母さんが、お金を払って「家事代行サービス」を頼むと、家事にあてていた時間を別のことに使うことができます。このように、**サービスを有意義に使って「時間を買う」ことも、〝いい〟買い物ですね。**

また、**世の中には「モノ」や「サービス」よりも大切なものもあります。**たとえば、資格を取るために勉強をする、本を読むといった〝自分みがき〟は、将来のキャリアアップにつながるかもしれません。また、寄付《きふ》や募金《ぼきん》など、よりよい社会を作るためにお金を払うことも、〝いい〟買い物といえるでしょう。

価値を感じるモノゴト

映画を観る、コンサートに行く、キャンプに出かけるなど趣味にお金をかけたり、外国語を学ぶ、資格取得のために講座を受ける、など自分みがきのためにお金を使ったり、困っている人に寄付をしたり、クラウドファンディング（112ページ）に協力したりするのも、“いい”買い物です。

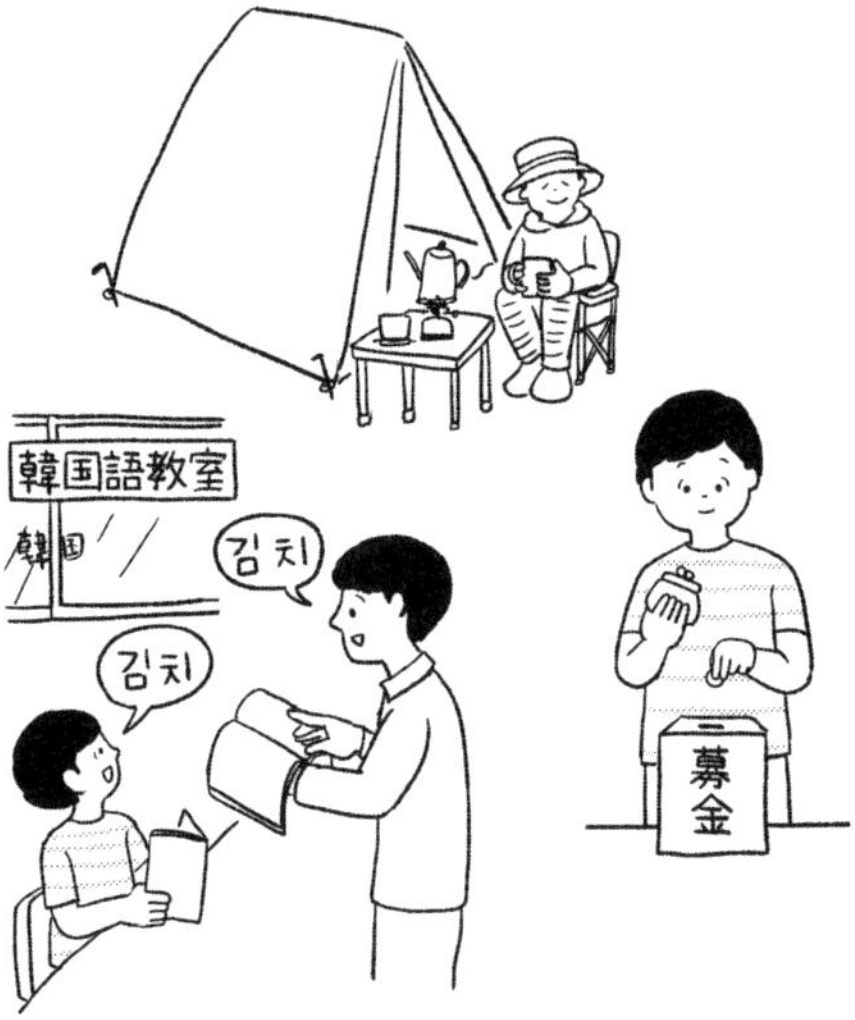

エコな商品を選ぶことも意識してみよう

環境に配慮《はいりょ》している会社や、障《しょう》がい者や移民を積極的に雇《こ》用《よう》している会社の商品を買ったり、食品ロスを防ぐためにお店では手前のものから買うようにしたり、発展《はってん》途《と》上国《じょうこく》の原料や製品を適正な価格で販売して立場の弱い生産者や労働者を守る「フェアトレード品」を選ぶのも“いい”買い物です。

商品の値段はどうやって決まる？

「金銭感覚を身につけよう」（32ページ）で、「同じシャツでも値段が違うことがある」とお話ししました。たとえば同じ1000㎖の牛乳でも、スーパーの棚にはたくさんの種類が並び、それぞれ値段が違います。それは品質や、生産者のこだわりの違いが値段に関わっているからです。

では、そもそも商品の値段はどうやって決まるのでしょう。

商品の値段の中には、商品の材料費や商品を作る人のお給料や水道光熱費、店の家賃が含まれています。さらに、そこにお店の利益（もうけ）を上乗せしたものが、商品の値段となります。

したがって、お店で500円で売っているからといって、500円まるごとお店の人の利益になるわけではないのです。

商品の値段のしくみ

500円

原価 ＋ **経費** ＋ **利益**

原価：商品の材料にかかるお金

経費：人件費、水道代、電気代、ガス代、お店の家賃など

利益：お店が決めた、収入にあたる金額

商品の値段
500円

値上がり、値下がりはなぜ起こる？

商品の値段は、いつも同じというわけではありません。たとえば、サンマは獲《と》れる時期が決まっていますが、その時期になっても漁獲量《ぎょかくりょう》が少ない場合、売る人は値段を上げなければ利益を出すことができません。また、テレビなどで紹介されて話題になるとサンマを買いたい人が増えるので、こういう場合も値段が上がります。つまり、**商品の数と商品を買いたい人のバランスが取れなくなると、値段が上がったり下がったりするのです。**

「需要《じゅよう》」と「供給《きょうきゅう》」という言葉があります。需要は商品を買いたい気持ち、供給は商品を売りたい気持ちを表し、この2つのバランスが取れた値段にするのが理想的。でも、需要と供給のバランスは社会状況や人々の生活の変化によってつねに変化し、値段も上がったり下がったりと変わっていきます。

商品の数と買いたい人のバランスによって値段が変わる

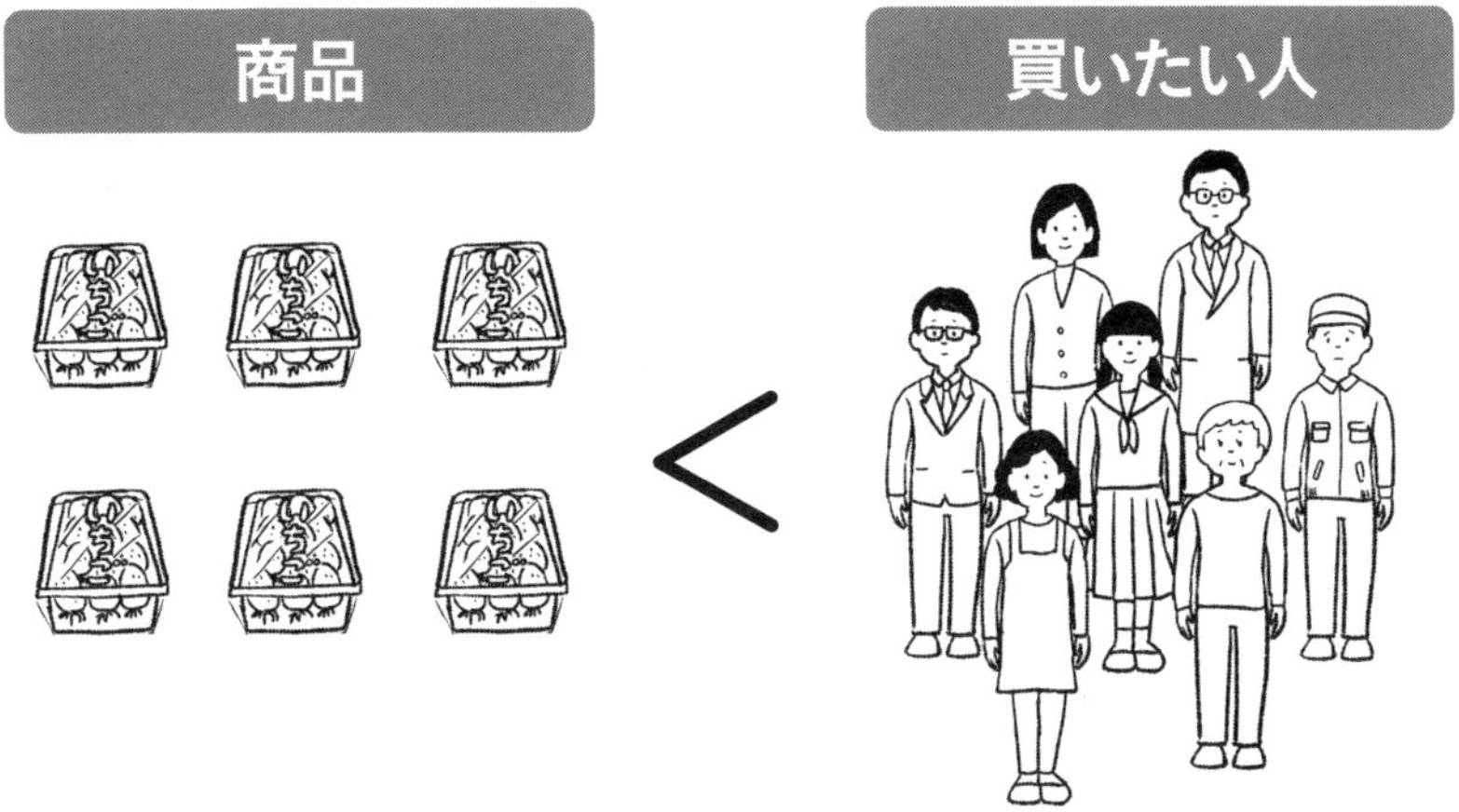

商品を買いたい人の数が、商品の数より多いときは、値段が上がります。
商品を買いたい人がたくさんいるので、値段が高くても売れるからです。

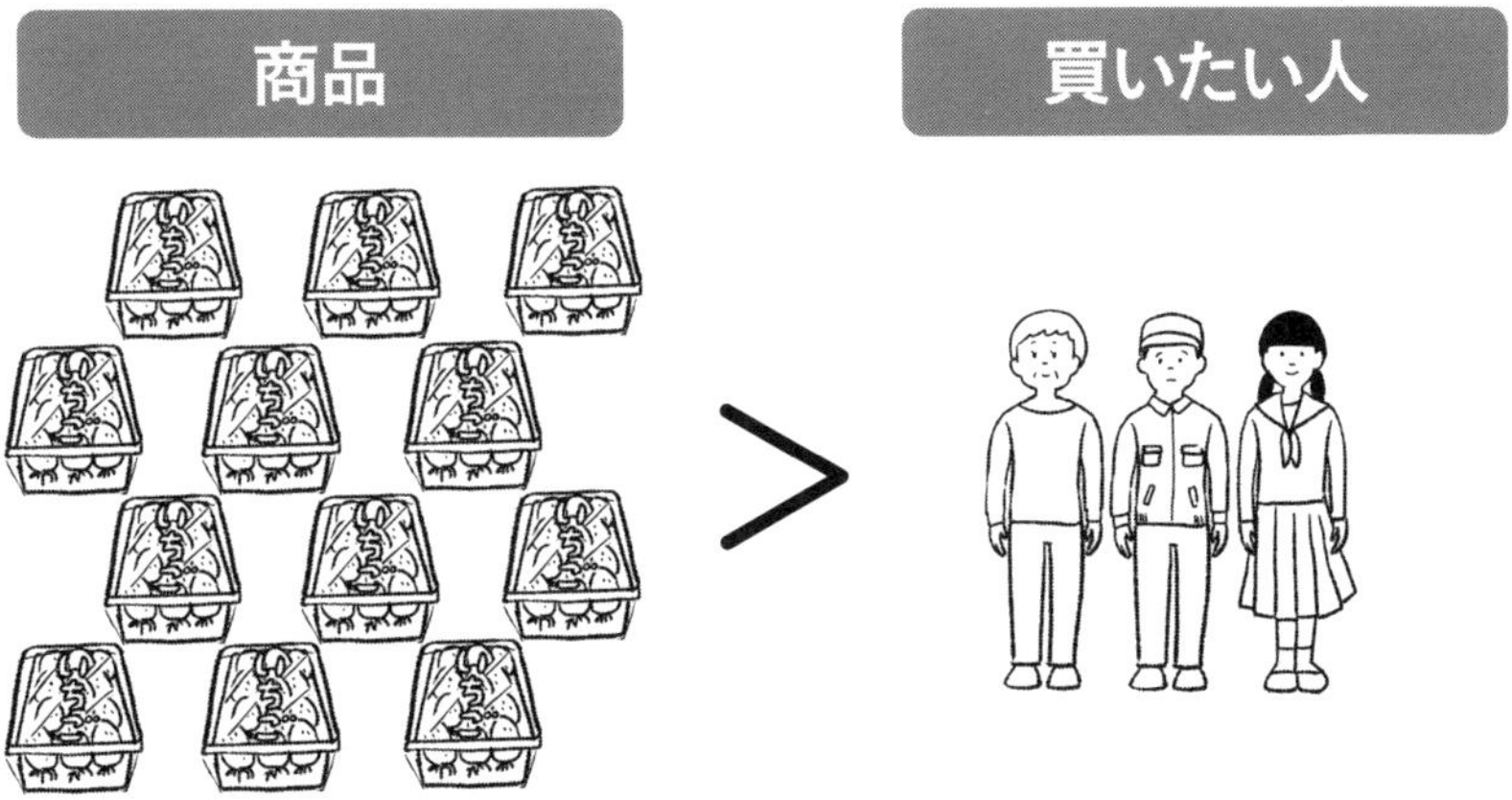

商品を買いたい人の数が、商品の数より少ないときは、値段が下がります。
商品が余っているので、値段が高いと売れないからです。

見えないお金 キャッシュレス

社会のデジタル化にともなって、支払いのときに紙幣《しへい》や硬貨《こうか》を使うのが当たり前だった時代から、支払いのときに実際のお金を使わないキャッシュレスや、バーチャルなお金の暗号資産《あんごうしさん》などの新しいお金が続々と登場し、お金の形はどんどん進化しています。

日本では、まだ現金しか使えないお店も少なくありませんが、世界の主要各国では40〜60%の支払いがキャッシュレスで行われていますし、お隣の中国でもキャッシュレス化がとても進んでいます。

ただし、**キャッシュレスも暗号資産も「お金」であることには変わりありません。**支払いの便利さというメリットがある反面、つい使いすぎるというデメリットもあるので、くれぐれも注意が必要です。

クレジットカード

クレジットカードを持てるのは社会的信用（クレジット）のある大人です。2022年から、満18歳以上であれば自分の意思で申し込めるようになりました。学生向けのクレジットカードも増えていますが、成人したばかりの若者を狙《ねら》った悪質な業者も少なくありません。契約《けいやく》をするときは契約内容やリスクを十分理解し、家族の意見も聞いた上で慎重《しんちょう》に行いましょう。親御さんも、お子さんがクレジットカードを持ったら、使いすぎていないか、支払いは滞《とどこお》っていないかなど、定期的に話をしましょう。子ども個人のカードではなく「家族カード」を持たせるのも1つの方法です。

クレジットカードのしくみ

1 会計のときにカードを出す

2 暗証番号を入力するなどして、専用の機械に情報を送る

3 カード会社が、一時的に商品の代金を払ってくれる

4 後日、カードで買った品物の代金が、自分の銀行口座からカード会社に支払われる

メリット

・多額の現金を持ち歩かなくていい
・手元に現金がなくても買える
・お金の管理がしやすい
・ポイントが貯まる

デメリット

・現金がなくても買えるので、使いすぎたり、支払い能力を超えた高額のものも買ってしまう

デビットカード

デビットカードとクレジットカードの違いは、カード会社ではなく自分の銀行口座から即、代金が支払われること。銀行口座にあるお金以上の買い物はできないので、使いすぎることがないのが長所です。なかには、クレジットカードブランドがついたもの、キャッシュカード一体型のJ-デビットがあります。

※ブランドデビットは、銀行によりJ-デビットは年齢制限なし。15歳以上（中学生を除く場合もあり）から発行が可能。

ICカード（電子マネー）

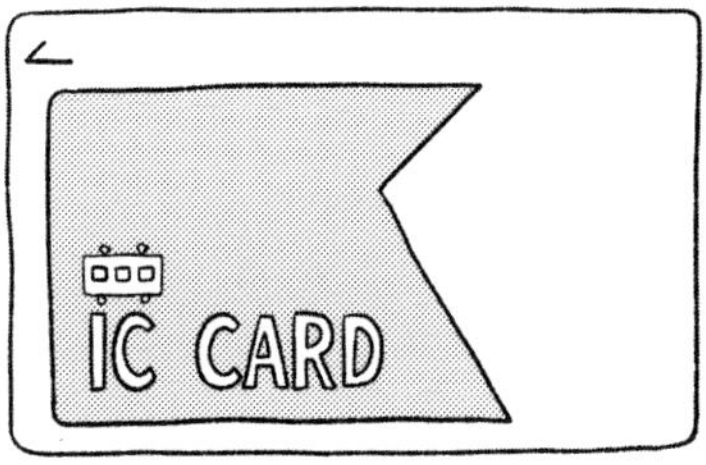

クレジットカードが「後払い」なのに対して、電子マネーは基本的に「先払い」。カードにチャージしておいたお金で代金を支払うものです。鉄道会社が発行する「交通系ICカード」がおもなもので、電車やバスに乗れるだけでなく、コンビニをはじめ使えるお店が増えています。

※小学生用の交通系ICカードは「小人運賃」で精算されます。

スマートフォン（スマホ）決済

専用アプリを使ってスマートフォンで支払いをする方法。専用読み取り機にスマホをかざすだけで支払いが完了するので、スムーズに会計できるのが魅力です。暗証コードや指紋認証《しもんにんしょう》を設定しておけば、万が一、スマホをなくしてしまっても他人に使われにくいという長所があります。

QRコード※決済とタッチ決済

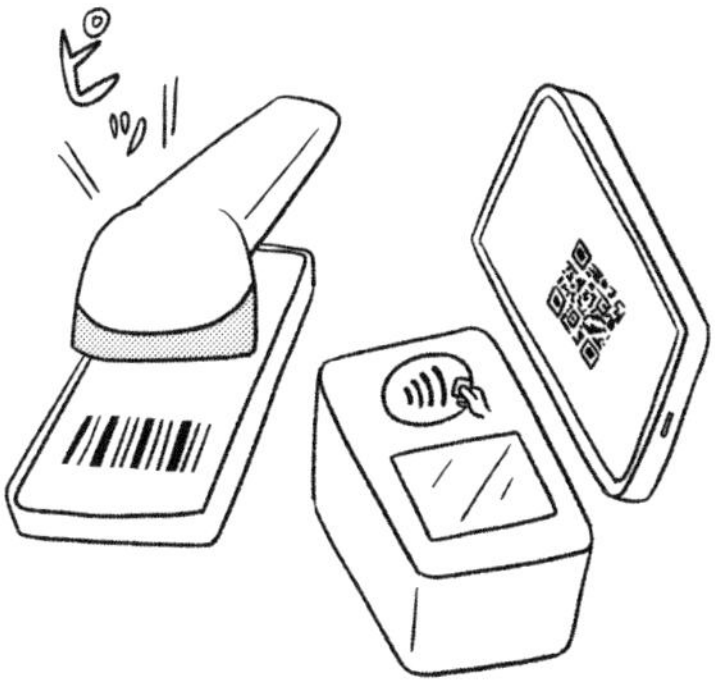

スマホ決済には、QR《キューアール》コードやバーコードにお店の情報や利用者の情報がひもづけられていて、読み込むとアプリやカードから利用額が引き落とされる「QRコード決済」とリーダー（読み取り端末《たんまつ》）に対応したカードやスマホを近づけると支払いが完了する「タッチ決済」があります。

※「QRコード」は株式会社デンソーウェーブの登録商標です。

暗号資産とは？

「暗号資産」という言葉を聞いたことがありますか？　**暗号資産は、今までのお金とまったく違うしくみで、インターネット上でお金のやり取りができる仮《か》想通《そうつう》貨《か》のこと。**代表的なものに「ビットコイン」があります。

円やドルなど、国ごとに流通している通貨は国が保証していますが、暗号資産は国が認めたものではないので、国からの保証はありません。そこで、利用されているのが「ブロックチェーン」という技術です。利用者全員が管理でき、誰が誰にいくら払ったかという情報もすべて確認できるというしくみで、利用者が監視《かんし》し合うことでお金としての信用を高めているのです。

便利な点が多く普及《ふきゅう》が進んでいますが、現状では大きなトラブルを招《まね》く危険性もあり、一般的なお金として定着していくかは、まだわかりません。

暗号資産のしくみ

発行者	発行者なし・ありの2タイプ
流通範囲	国を問わず、価値を信用する人がインターネット上でやり取りする
実物	なし
流通量	約150兆円（世界で流通する暗号資産全体の時価総額） ※2022年10月時点
価値変動	需要によって大きく変動
信用の対象	ブロックチェーン技術による分散管理

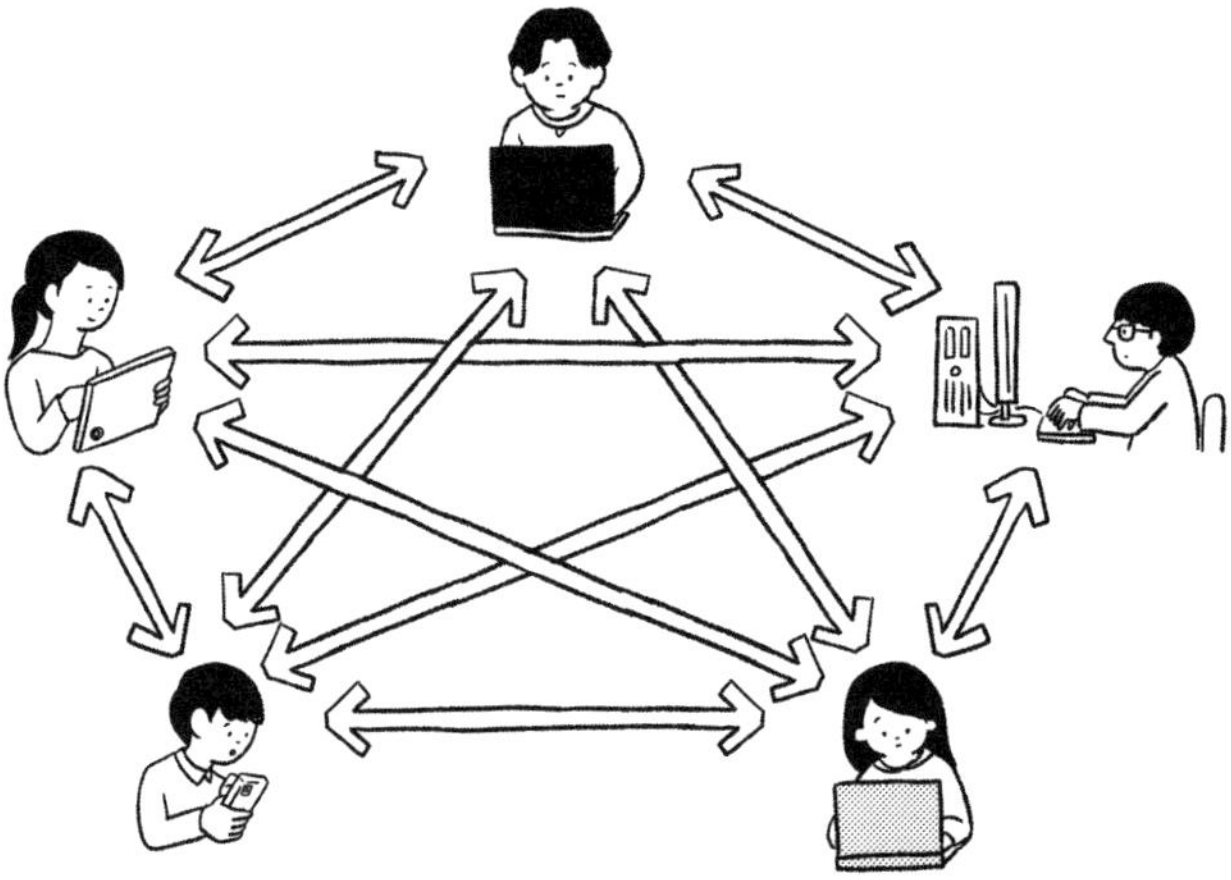

メリット

・24時間365日、いつでも取引できる
・少ない額から購入できる

デメリット

・価格の変動が大きい
・ハッキングや詐欺《さぎ》（お金をだまし取ること）などの被害にあいやすい

お金の使い方は「消費」「浪費」「投資」

◆レシートをチェックしてみよう

「しまった、お小遣いが足りない！」というのは、誰にでもあること。でも、それが毎月となれば、お金の使い方に問題があります。

1か月で使える金額よりも多く使ってしまい、お金が足りなくなることを**「赤字《あかじ》」**といいます。反対に、1か月で使えるお金より実際に使った金額が少なくてお金が余ることを**「黒字《くろじ》」**と呼びます。

お小遣いの万年赤字を解決するためには、自分がどのようにお金を使っているかをチェックすることが大切です。それによって、すぐに黒字に変えることができるかもしれません。

買い物のレシートを見て、何にお金を使ったか調べてみましょう。そしてそれが**「消費《しょうひ》・浪費《ろうひ》・投資《とうし》」**のどれに当てはまるか、チェックしていきます。

「消費」というのは、生きるため、生活するために欠かせないものにかかるお金のこと。住居費や食費、水道光熱費、交通費のほか、スマホの利用料金もこれにあたります。

「浪費」は、お金をただ使うだけで、将来の勉強に結びつかない趣味に費やしたり、むだ遣いをしてしまったもの。欲しくもないのになんとなく買ってしまったものも含みます。

「投資」は、自分に返ってくるもの、つまり自分の成長のために使うお金のこと。勉強になる本や参考書代、習いごとのレッスン代、そして貯金も投資に含まれます。なお、投資についてはあらためて第4章でお話しします。

お金の使い方のクセを知る

以上3つの使い方のうち、「消費」と「投資」は意味のある使い方です。問題は「浪費」。赤字を解消するには、「浪費」にあたるお金を減らしていくことが重要です。

ただし、「浪費」をゼロにする必要はありません。大切なのは、自分はどんなむだ遣いをしているかを知ることです。それがわかれば、お金を有意義に使えるようになっていきます。

お小遣い帳の「残っているお金」の横に、その買い物は自分にとって「消費・浪費・投資」のうちどれだったのか書き込むことを習慣づけるのもいいですね。

買ったもの1つ1つについて、「これは本当に必要だったのかな?」「これは買わなくてもよかったかもしれない」と振り返ることで、自分のむだ遣いの傾向を知ることができますし、「後悔《こうかい》するようなお金の使い方をしないように気をつけよう」と思えます。そうすれば、自然と赤字は解消します。「自分は賢いお金の使い方をしている」と自信がつき、黒字のお金を「投資」に回すことができれば、お財布にも心にもゆとりを持って毎日を過ごせるでしょう。

お金を使うときに「消費・浪費・投資」を意識できるようになれば、将来、生活に困ることはないでしょうし、自分のやりたいこと、本当に叶えたい夢を実現することができるようになります。

お金の3つの使い方

消費　生きるために必要なものにかかるお金

住居費・食費・水道光熱費など

浪費　むだ遣いをしてしまったと思うお金

買わなくてもよかったマンガ・必要なかったペンなど

投資　自分の成長のために使うお金

本や参考書代・習いごと代・貯金など

自分の銀行口座を作ろう

むだ遣いをなくし、将来の夢を実現させるためにはお金を管理することが大切です。そのためにやってほしいのは、自分専用の銀行口座を作ることです。

15歳になれば、自分で銀行に行って口座開設を申し込むことができるようになります。14歳以下の子どもが銀行口座を作るためには、親が窓口に行って、口座開設の手続きをする必要があります。

お父さんやお母さんに「お金の管理をする練習をしたい」と話して、協力してもらいましょう。「あなた名義の口座はすでに作ってある」といわれたら、それを自分で管理させてもらうのもいいでしょう。それがむずかしければ、自分で自由に使える口座を新たに作ってもらえるよう、相談してみてください。

自分専用の銀行口座ができたら、お年玉や月々のお小遣いの予算にもとづい

て、使い方の計画を立ててみましょう。**1か月のうちに自由に使っていい額と「いざというとき貯金」に回す額を決めます。**どんなに計画的にお金を使っても、どうしてもお金が足りなくなることがあります。「いざというとき貯金」というのは、不足分を補ったり、月々のお小遣いでは買えないものを買ったりするためのお金です。

直接銀行や郵便局に行って口座を開設して通帳を作る方法のほか、ネット銀行を利用する方法もあります。自分の使いやすいほうを選びましょう。なお、リアル店舗でもネット銀行でも、今は口座開設をアプリで行うところが増えています。

MEMO

保護者の方へ

子どもにお金を管理させるのが不安な方には、インターネットバンキングやネット口座の利用をおすすめします。ネットで口座の取引や残高を見られるので、口座情報を子どもと共有できるのが最大のメリット。親が自分の口座を見ていると思えば、子どももうかつな使い方はできないでしょう。親子で一緒に残高を確認しながらお金の使い方を考える習慣ができるといいですね。

お金のトラブルに注意！

◆友達とのお金の貸し借りは禁物

友達に、「あのトレカをどうしても買いたいんだけど、お金が足りない。貸してほしい」といわれたら、どうしますか？「自分はお小遣いに余裕があるから、貸してあげてもいいかな」と思う人もいるのではないでしょうか。

でも、お金を貸したり、逆に借りたりするのは禁物です。「仲がいいし『必ず返す』といっているからいいのでは？」と思うかもしれませんが、もし、なかなか返してもらえなかったら、「どうして？」とモヤモヤしますよね。でも、仲よしなだけに「返して」とはいい出しにくい。そうするうちに「どうして返してくれないんだろう。あんなヤツ、もう友達じゃない……」と、大切な

友情が壊《こわ》れる可能性があるからです。しばらくして返してもらったとしても、嫌《いや》な気持ちは残ります。「お金を貸してほしい」といわれたら、「家の人に、お金は貸しちゃダメといわれているんだ」といって断りましょう。

◆おごる／おごられるのもNG

友達にお菓子やジュースをおごったり、おごられたりするのもやめましょう。おごるのが当たり前になってしまったり、おごってもらったりすることで、無理なお願いごとをされても断りづらくなってしまうかもしれません。この場合も「親との約束だから」と断りましょう。

コラム

横山家のお金事情②

「お小遣い」について

横山家では、小学3年生からお小遣いがスタート。月額制で、最初は500円ですが、年ごとに100円ずつアップしながら高校を卒業するまで続きます。そのほか、お年玉など高額な「収入」は、お小遣いが足りなくなった場合の補填《ほてん》用として、別に取り分けておくのが決まりです。

お小遣いは、毎月手渡ししています。それを○○Payに入れたり、銀行口座に入れてデビットカードで使ったり。どちらも残高がすぐわかるので「使いすぎを防げる」といっています。

「欲しいものがあったら、お小遣いをやりくりして買う」というのが、横山家の基本的なルール。何を買うか、そのためにどうやりくりをするかは本人次第です。おもしろいのは、6人の子どもそれぞれに自分なりのやりくり術があるということ。ご紹介しますね。

長女

「できるだけ使わない」派。お小遣いは金額が限られているので、学用品などは親に買ってもらい、自分ではなるべく使わないように気をつけていました。学校が「寄り道禁止」だったので平日にお金を使うことはなく、計画的に休日に使うように。お年玉はほぼすべて貯金していました。

次女

「歩いてお金を節約する」派。長女と同様、できるだけお小遣いを使わないように、「定期券の範囲は電車で、それを超えたらひたすら歩く」「お菓子や飲み物は割高なコンビニではなくスーパーで買う」などして節約。

三女

「予定を考えてやりくり」派。次の月に友達と遊びに行く予定がある場合は、そのためのお金を残すためにお小遣いをなるべく使わないようにしています。お年玉は全額貯金して、お小遣いが足りなくなったときにカバー。

四女

「本当に欲しいものにお小遣いを使う」派。「本当に欲しいもの」を買うため、お年玉を貯め、お小遣い帳をつけながら、お小遣い数か月分とお年玉貯金を合わせて、買っています。

五女

「残ったお小遣いは貯金」派。あまりお金を使わないのでお小遣いが残ることも。その場合は、何かのときに使えるように貯めています。もちろんお年玉も貯金。自分のパソコン代を払えて、うれしかった！

長男

「貯める工夫をする」派。ゲーム課金にお金を使ってしまうけれど、１００円玉貯金をして、お年玉も貯金。僕も自分でパソコンを買いました。

以上です。いかがですか？　自分でもできそうなやりくり術《じゅつ》があったら、真似《まね》してみてください。

第3章

お金の稼ぎ方

働くのは何のため？

◆「権利」であり「義務」でもある

お小遣いは、お父さんお母さんが働いて得たお金の一部だ、ということはもうわかりましたね。つまり、働かなければお金は得られません（そして、お小遣いももらえません）。

したがって、働くのはお金を稼ぐため。今の世の中、お金がなければ生きていけないからです。多くの人は、住む場所を手に入れ、清潔《せいけつ》な暮らしをして、栄養バランスのとれたおいしいごはんを食べて楽しく暮らすために、働いてお金を稼いでいるのです。

ただし、**「働く」というのは、ただ単にお金を稼ぐためだけではありませ**

ん。「社会の一員としての役目を果たす」という一面もあります。

日本国憲法に、「すべて国民は、勤労《きんろう》の権利《けんり》を有し、義務《ぎむ》を負ふ。」と定められています。権利というのは、働きたい気持ちに応じて、誰にでも平等に働く機会が与えられるということ。義務というのは、働いて、それぞれが暮らしを営《いとな》み、社会に尽《つ》くすこと。つまり、自立した生活をするために働くことが必要で、それによって社会に貢献《こうけん》することが、私たちの大切な務《つと》めなのです。

「義務」といわれると、抵抗感があるでしょうか。「社会のために尽くすなんてでも、どんな仕事でも必ず誰かの役に立っています。目に見えなくても、私たちは誰かがしてくれた仕事のおかげで生きていますし、反対側から見れば、自分の仕事が、誰かを生かしているのです。

「お金がなくても自分は生きていける。だから、働かなくていい」「お金を稼いでお金持ちになっても、幸せになれるとは限らない」と思う人もいるでしょう。たしかに、家族や友達、健康など、お金で買えないものはあります。家族と仲よく楽しく暮らせれば、「お金なんていらない」という気持ちにもなるかもしれません。

しかし、現代において、水道代も電気代も食費も「0《ゼロ》」で、快適で清潔な毎日を送るのは、かなりむずかしいと思います。そして、**お金があれば選択肢《せんたくし》や「できること」が増えるのはたしかです。何を選ぶかは、本人の自由。その自由な選択も、お金があればこそできることです。**

◆日本の社会は「資本主義」

世界の経済のあり方には「資本主義《しほんしゅぎ》」と「社会主義《しゃかいしゅぎ》」の2種類があります。

資本主義は個人で自由にお金を稼げるので、競争が発生して経済が発展するという特徴がありますが、競争によって貧富《ひんぷ》の差が出ます。一方、社会主義は、お金はみんなのもの（国のもの）という考えのもと、国民全員が平等となり、大きな貧富の差はなくなりますが、競争がないために経済が発展しにくいという特徴があります。

日本を含め世界の多くの国は、資本主義を軸《じく》に経済活動を行っています。ですから、「働いて、お金を稼ぐ」必要があるのです。

職業いろいろ、働き方もいろいろ

働くことは「権利」であり、働きたい気持ちに応じて、誰にでも平等に働く機会が与えられるとお話ししました。そして、**どの職業《しょくぎょう》を選ぶのかは、本人の自由です。**

昔は、職業というと「会社員」「学校の先生」「警察官」「医者」「パイロット」などがすぐ頭に浮かんだかもしれませんが、**今、世の中にはたくさんの職業があります。**「ゲーム実況者」や「ゲームクリエイター」、「ユーチューバー」など、自分の趣味や特技《とくぎ》を活かした職業も次々に生まれています。働き方にしても、少し前までは「会社員」や「公務員」、「自営業」、「アルバイト」がおもなものでしたが、今は、誰にも雇《やと》われずに自分の才能や技術でお金を稼ぐ働き方（フリーランス）をする人も増えています。

会社員（正規雇用）

企業に雇われて働く人のこと。企業がもうけたお金が「給料」として社員に支払われます。給料は毎月ほぼ同じ金額ですが、企業の業績が悪いと少なくなることも。長年勤めたり個人のがんばりが認められると給料が少しずつ増え、年に1、2回ボーナスが支払われる場合もあります。

公務員（政治家、警察官、公立学校の先生など）

国や都道府県、区市町村などで、社会や人々のために働く人のこと。給料は、人々が納《おさ》めた税金から支払われ、毎月ほぼ同じ金額になります。長年勤めたり個人のがんばりが認められると、毎月の給料が少しずつ上がります。給料とは別にボーナスも支払われます。

自分で会社を作って働く（自営業、会社経営）

会社やお店などを自分で作って経営する人。自営業や会社経営では、ものやサービスなどの商品を売ることでもうけたお金から収入を得て、売れゆき次第で収入が変動します。また、会社やお店で従業員を雇っている場合は、会社やお店の収入から、その人たちへの給料を支払います。

アルバイト・パート（非正規雇用）

会社やお店などに雇われて、曜日や時間を決めて働く人のこと。会社やお店がもうけたお金が「給料」として支払われます。多くは「1時間○円」という時給制で、働く時間は個人の都合で選ぶことができます。働いた分がそのまま給料になるので、給料の金額は毎月変わります。

個人で働く（フリーランス）

個人の才能や技術、サービスなどの商品を売ってお金を稼ぐ働き方。会社員や公務員のように毎月決まった収入があるわけではないので、生活が安定しないこともありますが、自分のがんばり次第で収入を増やすことも可能。税金の支払いなどお金の管理を自分で考える必要があります。

どんな職業を選べばいい？

「好きなことを仕事にしたい」と考える人は多いでしょう。ほかにも「お給料がたくさんもらえる仕事」「人の役に立つ仕事」「人を笑わせ、喜んでもらえる仕事」など、職業の選択肢はたくさんあります。「自分は何がしたいのか、どんな人生を送りたいのか」をよく考えて、選んでみてください。職業体験型テーマパークで、いろいろな仕事の模擬体験をしてみるのも１つの方法です。

人生で必要なお金について考えてみよう

◆収入と支出のバランスが大切

第2章で「お金の使い方」についてお話ししましたが、**お金と上手につき合っていく上で重要なのが「収入《しゅうにゅう》」と「支出《ししゅつ》」のバランスです。**その大切さは、みなさんもお小遣いの使い方のところで、よくわかったと思います。

私たちは、生きていく上でお金がかかります。特別リッチな生活をしていなくても、食費、住居費、水道光熱費、交通費、通信費、教育費はかかりますし、「たまには旅行や趣味を楽しみたい！」と思ったら、娯楽費も必要となります。

家族の人数や環境によって、それぞれの支出の金額は異なりますが、2人以上の家族が生活するためには、毎月平均29万円が必要だといわれています。

どの家庭にとっても大切なのは、収入と支出のバランス。支出が収入を超えないように、やりくりする必要があります。私が、お小遣い帳をつけることをおすすめするのは、将来、家計をやりくりするための、いい訓練になると考えているからです。

◆人生の三大出費

同じく第2章の「自分の銀行口座を作ろう」（54ページ）で、「いざというとき貯金」という言葉が出てきましたね。どうしてもお小遣いが足りなくなったときの補填《ほてん》分のほか、毎月のお小遣いでは買えないものを買うためにに貯めておくお金のことです。

実は、人生の中でも「いざというとき」の出費があります。とくに**「人生の三大出費」と呼ばれているのが、教育費、住宅費、老後の費用。**いずれもかなりお金がかかり、毎月の収入ではやりくりできません。それを考えて、三大出費のためのお金を用意しておく必要があるのです。

※出典：総務省統計局「家計調査報告」（2022年）

人生の三大出費

出費 1

教育

幼稚園・保育園から大学まで
すべて公立で約1000万円
すべて私立で約2500万円

幼稚園・保育園から大学まで、すべて公立だと約1000万円。すべて私立だと約2500万円となり、公立の2倍以上の費用がかかります。

出費 2

住宅

全国平均で
3153万円

家を建てる場合にかかる費用の全国平均は、土地代を除いて3153万円。建てる場所や住宅の広さ、素材などによって家の値段が変わります。

出費 3

老後

夫婦2人で
3000万円

老後は介護が必要になる可能性が高く、介護サービスだけでなく、家の改築やリフォームなどにもお金がかかります。

18歳から「自分でできること」が増える

◆成年年齢が20歳から18歳に

日本では、明治時代から約１４０年間、成年年齢は民法《みんぽう》などによって「20歳」と定められていましたが、その民法が改正され、**２０２２年４月１日から、成年年齢が「18歳」となりました。**

この本を読んでいるみなさんの多くは、「それが、何か？」と思うかもしれません。今、13歳の人は18歳になるまで5年もありますし、15歳の人だって、あと3年先のこと。「ピンとこないし、それがお金の話と何の関係があるの？」と思うでしょう。

まずは、成年になると、未成年のときと何が変わるのかを説明しましょう。

民法が定めている「成年年齢」には、「1人で契約することができる年齢」という意味と、「父母の親権に服さなくなる年齢」という意味があります。つまり、成年になれば親の同意がなくても自分の意思で、さまざまな契約ができるようになるのです。

未成年のうちは、たとえばスマホの契約やクレジットカードを作ること、家を出て1人暮らしの部屋を借りることも保護者《ほごしゃ》の了解《りょうかい》なしにはできません。でも、成年（18歳）になれば、これらの契約が自分1人でできるようになるのです。ほかにも、10年有効のパスポートを取得できるなど、大人としてできることがグンと増えます。

私がお話ししたいのは、とくにお金が関係する契約についてです。これまで、お父さんお母さんに「使いすぎはダメ」といわれて時間や金額の制限をかけられていたスマホやゲームも自由に使えるようになりますが、その自由と引き換えに責任を負わなければならなくなります。

たとえば、未成年者が親権者の同意を得ずにスマホの契約をした場合、その契約を取り消すことができます。しかし、成年は契約の取り消しができません。つまり、**自分1人で契約ができる分、その契約に対して責任を負うのも自分自身になるのです。**

◆お金のトラブルにあう危険性が高くなる

残念ながら、世の中には他人からお金をだまし取ることを仕事にしている人がたくさんいます。彼らのターゲットは、高齢者や社会経験の少ない若者たちです。テレビのニュースなどでよく取り上げられていますが、この本を読んでいるみなさんの中には、このことを初めて知った人もいるのでは？　成年年齢が18歳に引き下げられたことで、若者たちが詐欺《さぎ》や買い物・契約をめぐるトラブルにあう危険性がさらに高まるのでは、と心配されています。

若者がトラブルに巻き込まれやすいのは、街なかで「近くで絵画の展示会をしているから見ていかない？」と誘《さそ》われ、営業所などに連れて行かれ、断りきれずに高価な絵（偽物だったりもします）を買ってしまう「キャッチセールス」、「無料体験」の文字に引かれてエステに行ったら、継続するようにすすめられ、断りきれずに20回コースのプランと高額の美容器具購入の契約をしてし

まう「無料商法」、そのほか「デート商法」や「オーディション商法」「マルチ商法」などがあります。さらに最近は、ネットを使った詐欺やネットをめぐるトラブルも増えています。

18歳になって、これらのトラブルに巻き込まれないためには、お金に関する知識を身につけ、お金の使い方に関して正しい判断ができるようにしておくことが大切です。ここまでこの本を読んでもらっているのでわかると思いますが、それには少し時間がかかり、経験も必要。だから、今のうちに、お金について考え、学んでおいてほしいのです。もちろん、トラブル予防のためだけでなく、契約に関する自由を手にしたとき、それを有効に使って自分のやりたいことをするためにも、今からお金の知識を身につけておいて損はありません。

コラム

横山家のお金事情③

お金の管理について

私は、子どもたちに、自分の頭でお金の使い方を考え、自分なりの工夫をしながらやりくりができるようになってほしいと考えているので、月1回の「家族マネー会議」のほかには、お金についてあれこれいうことはあまりありません。

お金の使い方に関して、たとえばあまりにも駄菓子ばかり買っていたら「大丈夫なの？」と聞いたりしますが、それも家族マネー会議の中でのこと。基本的に、お小遣いを何にどう使うかは彼らの判断に任せ、口出しはしません。ただし、お年玉はお小遣いより多めの金額になるので、小中学生のうちはまだ自分で管理するのがむずかしく、その分は妻が預かっています。

銀行口座は、6人の子どもたち全員が自分名義の口座を持っています。ただ、小中学生のうちはキャッシュカードを持たせると失く

長女　次女　三女　四女　五女　長男

す可能性があるので、これも妻が預かっていますが、高校生になったら自分で管理・判断させるようにしていました。

子どもたちのお金の使い方について、必要以上に口出しをしなくてすむのは、ネット銀行を利用しているからです。ネット銀行なら子どもたちの出入金の様子がわかりますし、子どもと一緒にそれを見ながら「順調に貯まってるね。『いざというとき貯金』が多めにできているね」などと話したりしています。

今の時代、わが家の子どもたちもインターネットを当たり前のように使いこなしていますし、支払いの際もキャッシュレスを利用することが多くなっています。キャッシュカードには年齢制限がありませんし、デビットカードは15歳になると作ることができる金融機関もあります。

デビットカードは、自分の口座に入っている分しか使えないですし、残金がどれくらいかわかるので、使いすぎを防ぐことができます。大人になってクレジットカードを使うようになったときのための、いい練習にもなると思います。

ただ、お正月におばあちゃんや親戚たちからお年玉をもらうと、一時的にでも口座に入っているお金の額が多くなるので、四女は学生の頃、「全部使っちゃわないか、心配だから」と、自分で使用限度額を決められる銀行のプリペイドカードに入金して、ふだんはそれを持ち歩くようにしていました。プリペイドカードなら、毎月使える予算額を「〇円」と決めて、それ以上は使わないようにできるので、むだ遣いすることなく順調に貯金ができたようです。

また、長女は通常の買い物はデビットカードで支払い、定期代など決まった額の支出は「ポイントが貯まるから」と、クレジットカードで支払っていました。

子どもたちが自分の性格や支出のスタイルに合わせてカードを使い分けているのを見て、私は「それは思いつかなかったなあ」と感心しました。お金の管理を子どもたち自身に任せてよかったと思っています。

第4章

お金の貯め方・増やし方

銀行とはどういうところ？

◆お金に関する3つの役割がある

「お金を貯める」というと、すぐに銀行を連想するのではないでしょうか。多くの人が銀行に口座を持っていて、そこにお金を預けているので、銀行＝お金を預けるところだと思っていますよね。しかし、それだけではありません。**銀行には、「お金を預かる」ほかに「お金を貸す」「お金のやり取り（決済《けっさい》や送金）をする」という、3つの重要な役割があります。**

銀行にお金を預けることは、銀行に貸すことでもあり、一定の期間が経《た》つと、銀行からお礼として利息《りそく》（利子《りし》）がもらえるようになっています。

預けたお金は、お金を必要としている人に対して銀行が貸し、銀行は貸した人や会社から利息をもらいます。したがって、お金を借りた人は、「借りた金額＋利息分」を銀行に返すことになります。

銀行がお金を預けた人に払う利息と、お金を貸した人からもらう利息は、同じ金額ではありません。貸した人からもらう利息のほうが高く設定されているため、この差額が銀行の利益（もうけ）になるのです。

多くの人がふだん利用する銀行を「普通銀行」といいます。郵便局の貯金業務を引き継いで誕生した「ゆうちょ銀行」も普通銀行の仲間です。

◆銀行以外の金融機関

金融機関は、銀行のほかにもあります。農協《のうきょう》（農業協同組合《のうぎょうきょうどうくみあい》）や漁協《ぎょきょう》（漁業協同組合《ぎょぎょうきょうどうくみあい》）などは、組合員や会員などの決まった相手とだけ取引を行う「協同組織金融機関《きょうどうそしききんゆうきかん》」。信用金庫《しんようきんこ》や信用組合《しんようくみあい》もここに含まれます。

また、「信託銀行《しんたくぎんこう》」はお客さんの土地や建物、お金などの財産を管理して、それを元手にして利益を生み出しています。証券会社《しょうけんがいしゃ》や保険会社《ほけんがいしゃ》なども金融機関にあたりますが、お金を預かる業務は行っていません。

銀行の3つの役割

役割
1

お金を預かる

(普通預金、定期預金など)

個人や会社などから、口座を通してお金を預かっている。預かったお金を運用して、預けた人に利息を分配している。

役割
2

お金を貸す

(事業向け融資、住宅ローンなど)

個人や会社がまとまったお金を必要としている場合に、お金を貸す。お金を貸し出すことを「融資《ゆうし》」や「ローン」ともいう。

役割
3

決済や送金

(各種振り込み、クレジットカードや公共料金などの引き落とし)

ほかの金融機関へお金を振り込んだり、口座から公共料金の引き落としをしたりする。現金を動かさずにお金の移動を行っている。

貯めたお金の増やし方

お小遣いやお年玉でもらったお金のうち、使わずに余ったお金は貯金に回す。これは、本当に欲しいものを買ったり、少し先になるかもしれないけれど、将来の夢を実現させることにつながる、というお話をしましたね。だから、お金を貯めることはとても大事。しかも、銀行に預けていれば銀行から「利息」がもらえるから、貯めれば貯めるほどお金が増えていく……のですが、実は今、日本は「超低金利時代《ちょうていきんりじだい》」といって、銀行からもらえる利息がとても少ないのです。

金利とは、お金を預けたり貸したりしたときに、利子や利息がどれだけつくかという割合のこと。今、普通預金の金利はだいたい0・001％なので、10万円預けたとしても1円しか増えません。預けた10万円が減ることはないですし、1円でも増えるのだから、貯金はしたほうがいいのですが……。

そこで紹介したいのが、お金を増やす方法。もっというと、増やすためにお金に「働いてもらう」方法です。

「投資《とうし》」という言葉を聞いたことがありますか？　**投資とは、会社などの事業にお金を出して利益を得ることです。**

投資には、**「株《かぶ》」「投資信託《とうししんたく》」「債券《さいけん》」**などいろいろな種類があります。これらは「金融商品《きんゆうしょうひん》」と呼ばれ、証券会社などに専用の口座を作って、株や投資信託を売ったり買ったりします。それによって、貯金だけをしているよりもお金が増える可能性があるのです。

「可能性がある」というのは、**投資には必ずリスク（値動きの幅）とリターン（得られる利益）があって、もうかるかもしれないし、もうからないどころか損をすることもある**からです。だから、失っても大丈夫なお金で投資をすることが大事。**1つだけでなく、いろいろなものに分散して投資するとリスクを避けられます。**また、損が少なく、安全にお金を増やす方法も。88ページから、投資について学んでいきましょう。

金利は下がっている

下のグラフを見てみましょう。昔は金利が高く、普通預金の場合、最高値は1974年の3.000％ですが、今はグンと下がって2023年時点で0.001％。それでも、1円でも増えることやお金の安全を考えると、やはり貯金は大切です。

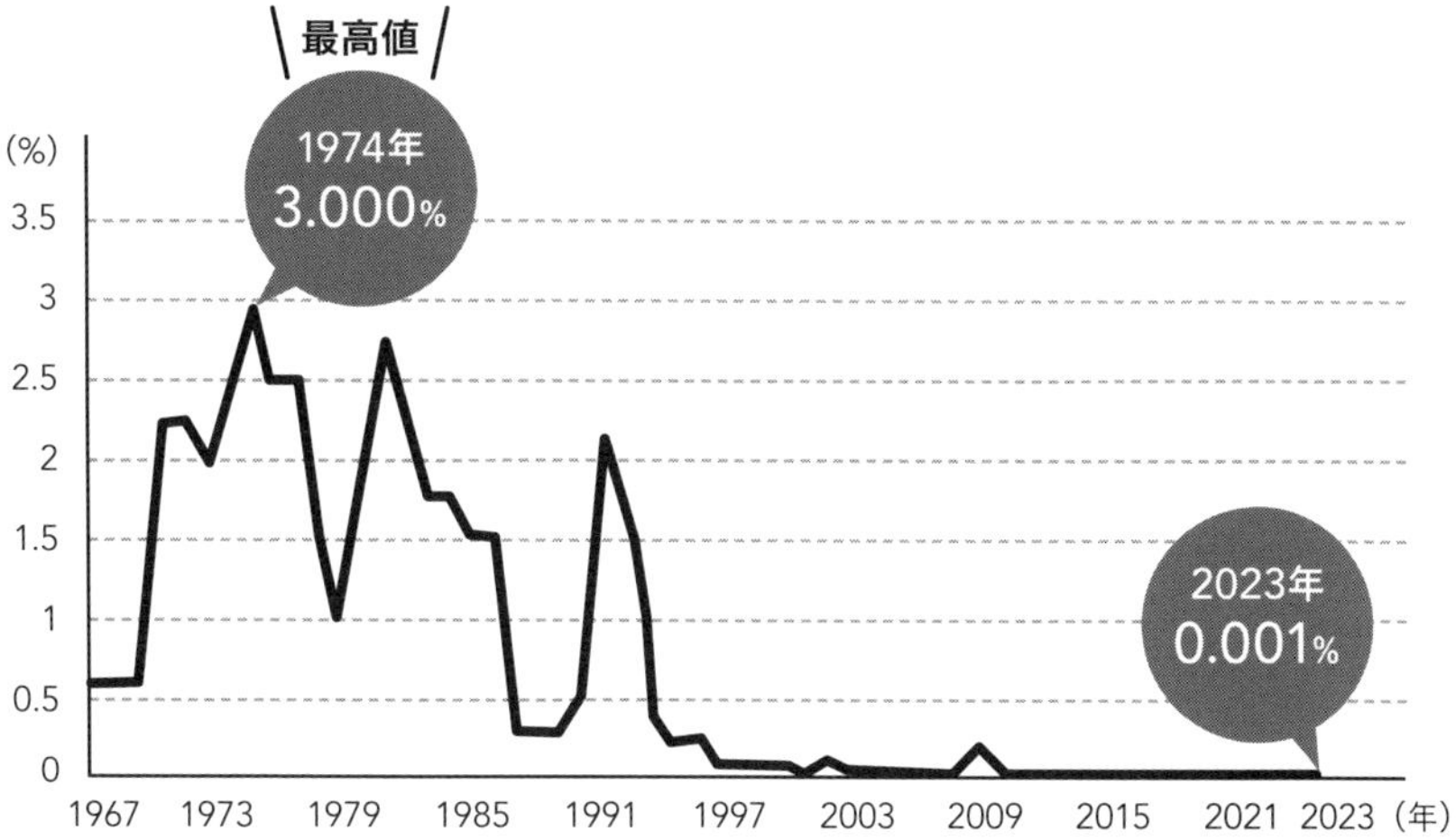

※日本銀行「金融経済統計月報」をもとに作成

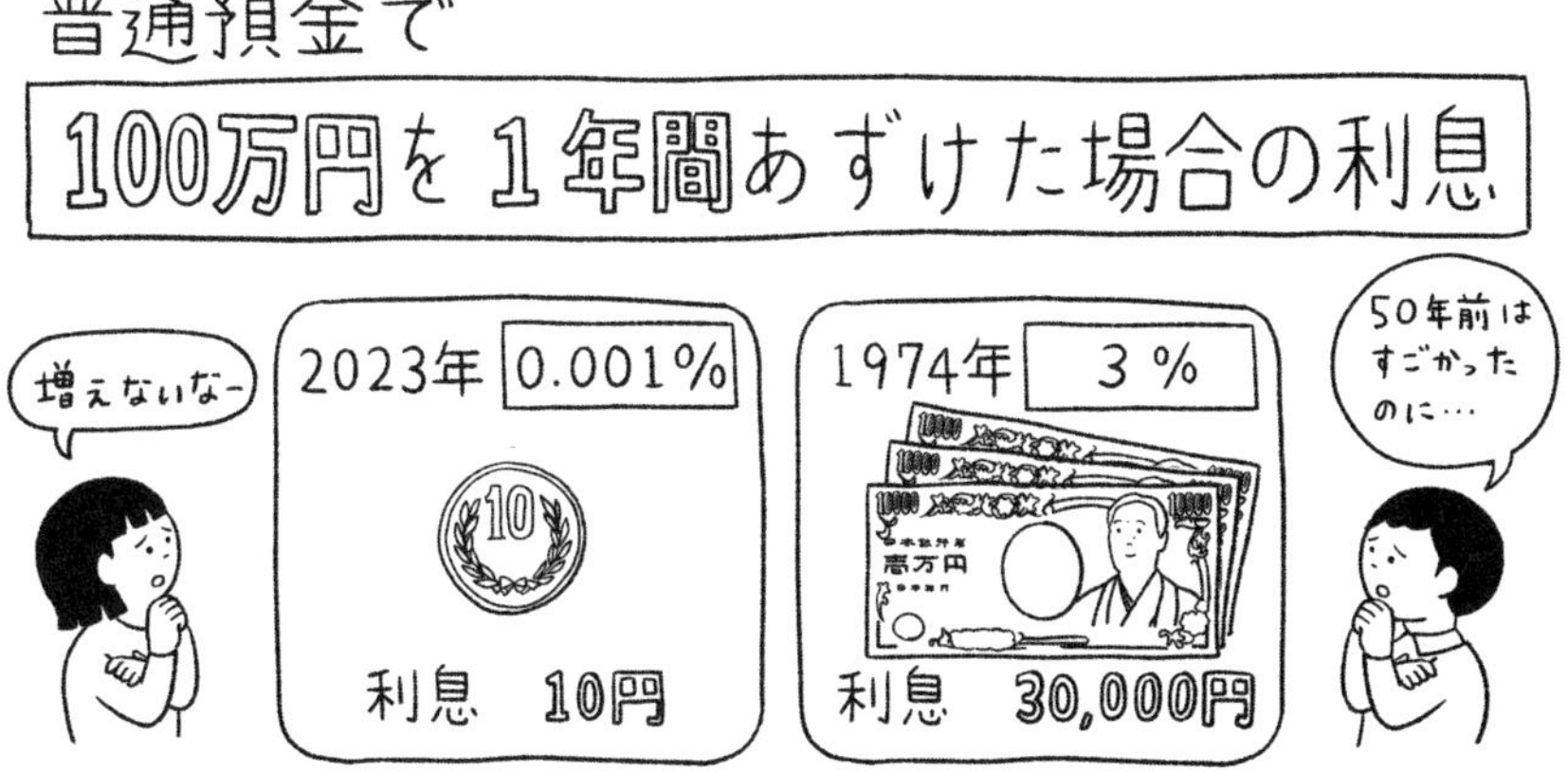

株式会社って、何？

事業を運営している組織のことを「企業《きぎょう》」と呼び、株式会社《かぶしきがいしゃ》はその1つです。いろいろな会社の中で、もっとも一般的な形態です。

株式会社は、事業に賛同したたくさんの人が少しずつお金を出して作られます。お金を出した人は、株式会社の「株（株式）」を持つ「株主《かぶぬし》」になり、会社がもうけて利益が出ると、その一部を「配当金《はいとうきん》」としてもらえます。

株は、証券取引所《しょうけんとりひきじょ》で売買が行われ、ここで売買が行われるようになることを「上場《じょうじょう》」といいます。

各会社の株は、1株ごとに値段（株価）がついています。会社の経営状況や世の中の状況によって、買いたい人と売りたい人のバランスが変わるので、株価もいつも同じではなく、刻々と上がったり、下がったりしています。

株式会社のしくみ

株式会社が発行する「株」を買うことで株主に。会社は、株主が支払ったお金で事業を行います。

株主

1 株主は、お金を出す代わりに、経営に参加する権利や配当金を受け取る権利がもらえる

出資

配当金など

4 株式会社は、もうけたお金の一部を配当金などとして株主に渡す

株式会社

販売

売上金

2 会社は、株主から集めたお金を使って、モノやサービスを生み出し、お客さんに売る

3 お客さんがモノやサービスを購入したお金が、会社の利益になる

お客さん

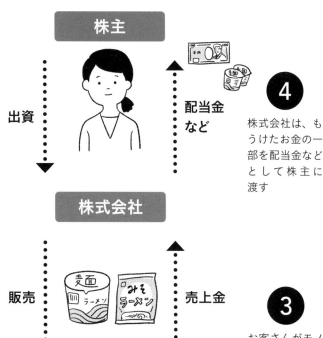

お金を増やす「投資」とは？

ここでもう一度、貯蓄と投資の違いについておさらいしましょう。

貯蓄とは、銀行などにお金を預けておくこと。預けている間に利息がつき、その分だけお金が増えます。お金が銀行の中ですやすやと安心して眠っている、というイメージです。だから、預けたお金が減ることはありませんが、とくに今の日本では、増えるお金はほんのわずかです。

一方、投資とは、利益を見込んで会社などの事業《じぎょう》に出資《しゅっし》すること。**投資したお金が減ってしまう場合もありますが、貯蓄よりも、もうかる金額が大きくなることもあるのが、投資の最大の特徴です。**イメージとしては、働きもののお金が世界中をかけめぐって活躍する、といったところでしょうか。

お金を増やしたいと思ったら、銀行にお金を預けるだけでなく、投資するこ

お金を増やすための種類とリスク

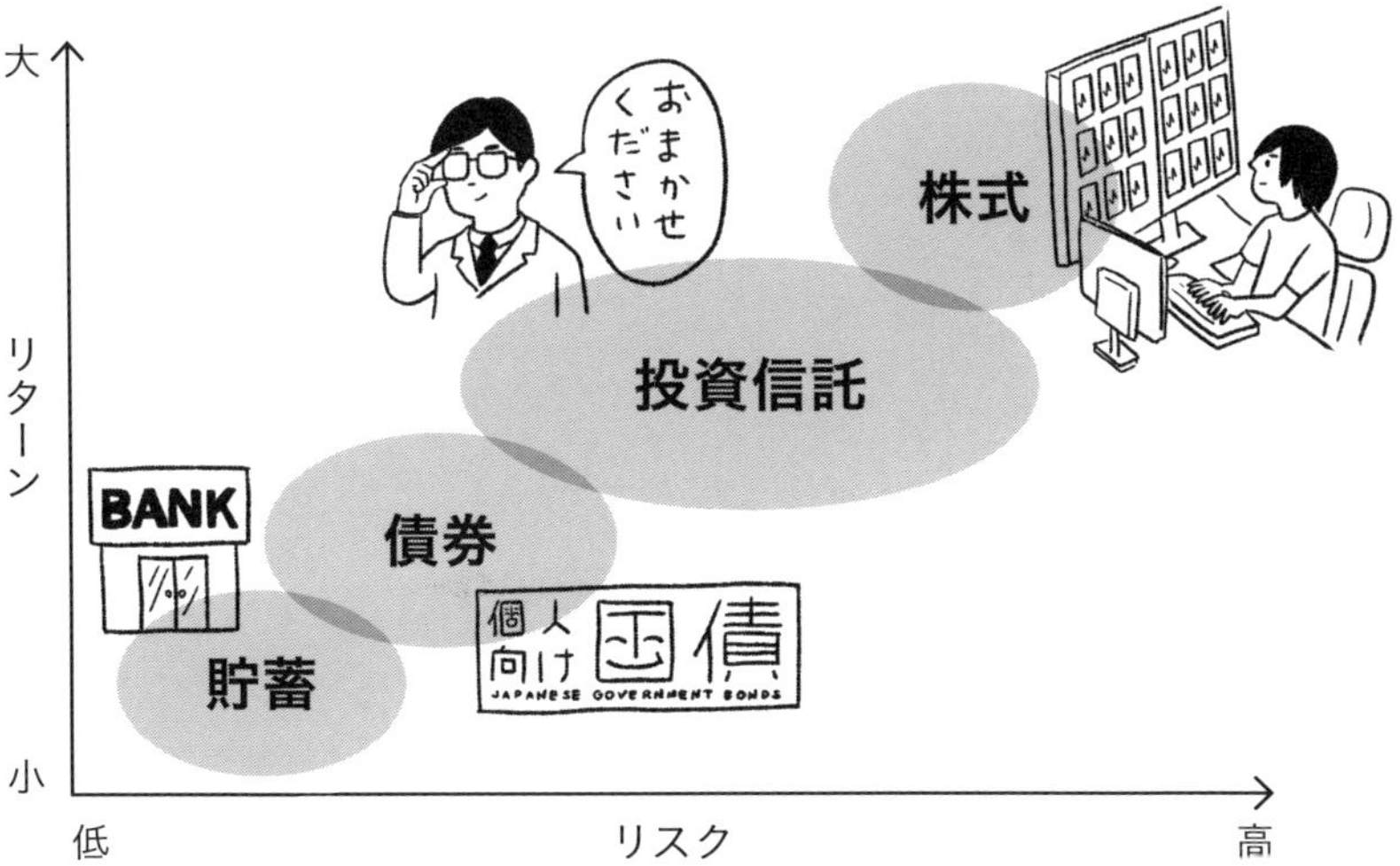

とも考えてみましょう。ただし、繰り返しになりますが、投資はリターンが期待できるけれど、損をするリスクもあります。たくさんもうかる可能性のあるものほど、大きく損をする可能性もあります。これを「ハイリスク・ハイリターン」といい、株式がこれにあたります。その逆が「ローリスク・ローリターン」。貯蓄ですね。

「リスクを考えたら投資なんてできない」と思うかもしれません。でも、なるべくリスクを減らして、できる限りたくさんのリターンを得る方法はあります。正しい知識を身につければ、必要以上に恐れることなく、楽しみながら（！）お金を増やすことができるのです。

お金を増やす投資①　株を買う

すでにお話しした通り、株式会社の「株」を買って株主になると、会社がもうかった場合、その利益の一部を「配当金」として受け取ることができます。

さらに、上がったり下がったりする株価の動きに合わせて、株を買ったり売ったりすることで利益を得ることができます。**株価は、会社の経営状況や世の中の経済状況によって変動するので、安いときに買い、高くなったときに売ると利益が出るというわけです。**

ただし、会社がもうからなくなると配当金を受け取れず、株価も下がります。もし、その会社が倒産してしまったら株の価値はなくなり、1円も戻ってきません。株価は毎日変動するので、新聞やニュース、インターネットなどでこまめにチェックする必要があります。

株でお金が増える理由

株式会社が発行する「株」を買う（投資する）ことで株主に。株式会社は、株主が支払ったお金で事業を行い、会社がもうかると、株主はその利益の一部を「配当金」として受け取ることができます。

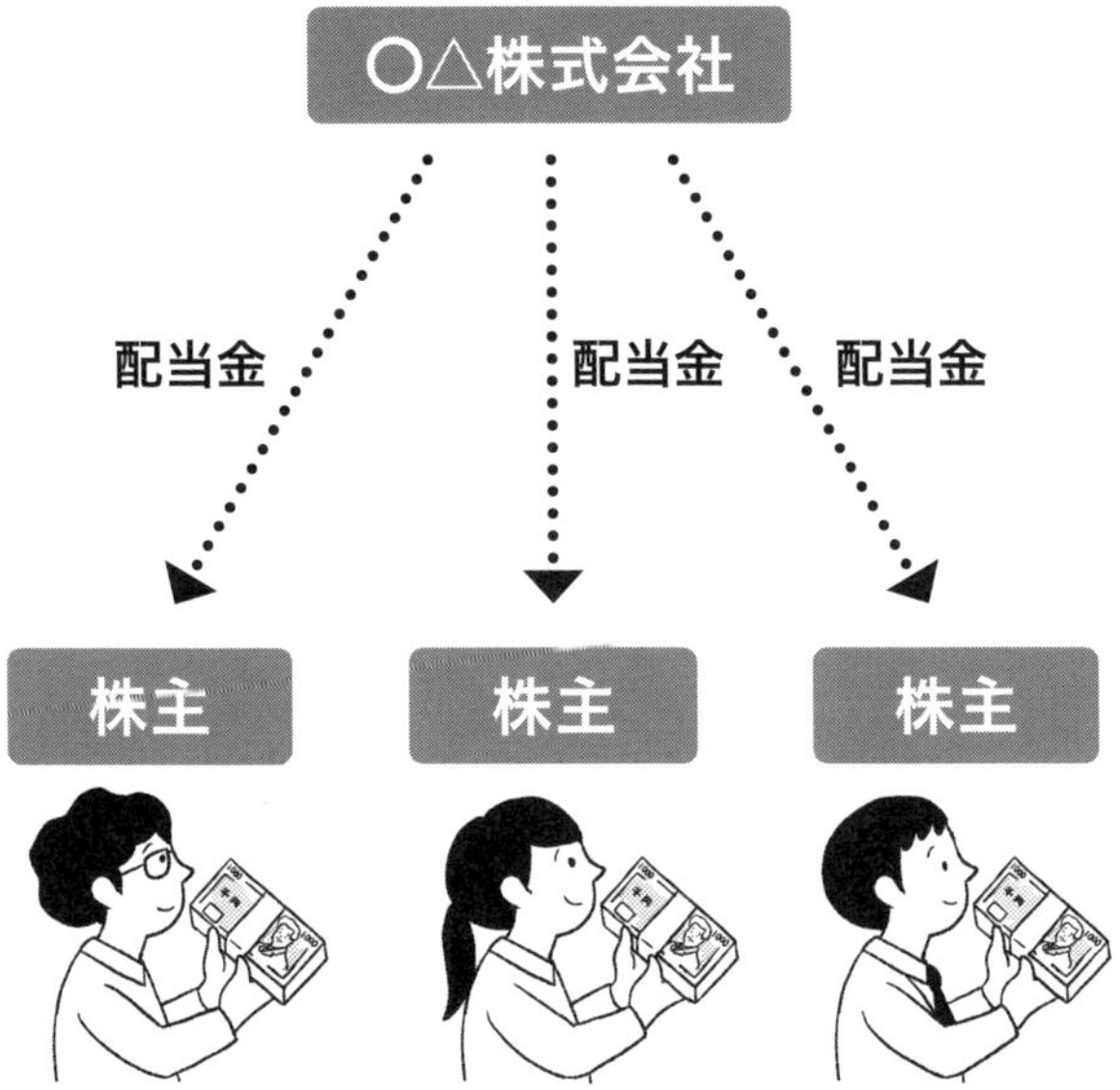

株価の動きで売却益も変動する

株価はつねに変動しているので、その動きに合わせて株を買ったり売ったりすることで利益を得ることができます。たとえば、1株1,300円で買った株が1株2,300円に上がったら、1,000円の利益が生まれることに。

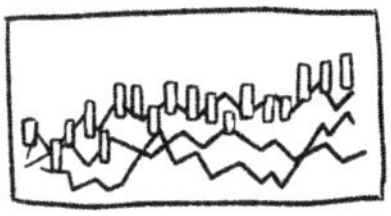

お金を増やす投資②

投資信託を買う

「株を買いたいけれど、どの会社の株を買えばいいのかわからない」という場合は、投資信託を買うという方法もあります。

投資信託とは、お金の専門家（ファンドマネージャー）にお金を預け、代わりに投資をしてもらうしくみです。

お金の専門家は、日本の企業の株だけでなく、外国の株や、日本の債券や外国の債券などの価格を見ながら、値が上がりそうなものを投資先として選び、売り買いをしながら利益を出します。

しかし、専門家でも、売り買いのタイミングを見誤るなど、失敗することもあります。その場合、預けたお金が減る可能性があることも覚えておきましょう。

投資信託のしくみ

投資したい人から集めた資金を、お金の専門家が投資先を選び、運用します。少額から始められるので、投資初心者におすすめです。ただし、専門家にも失敗はあり、預けたお金が減る可能性もあります。

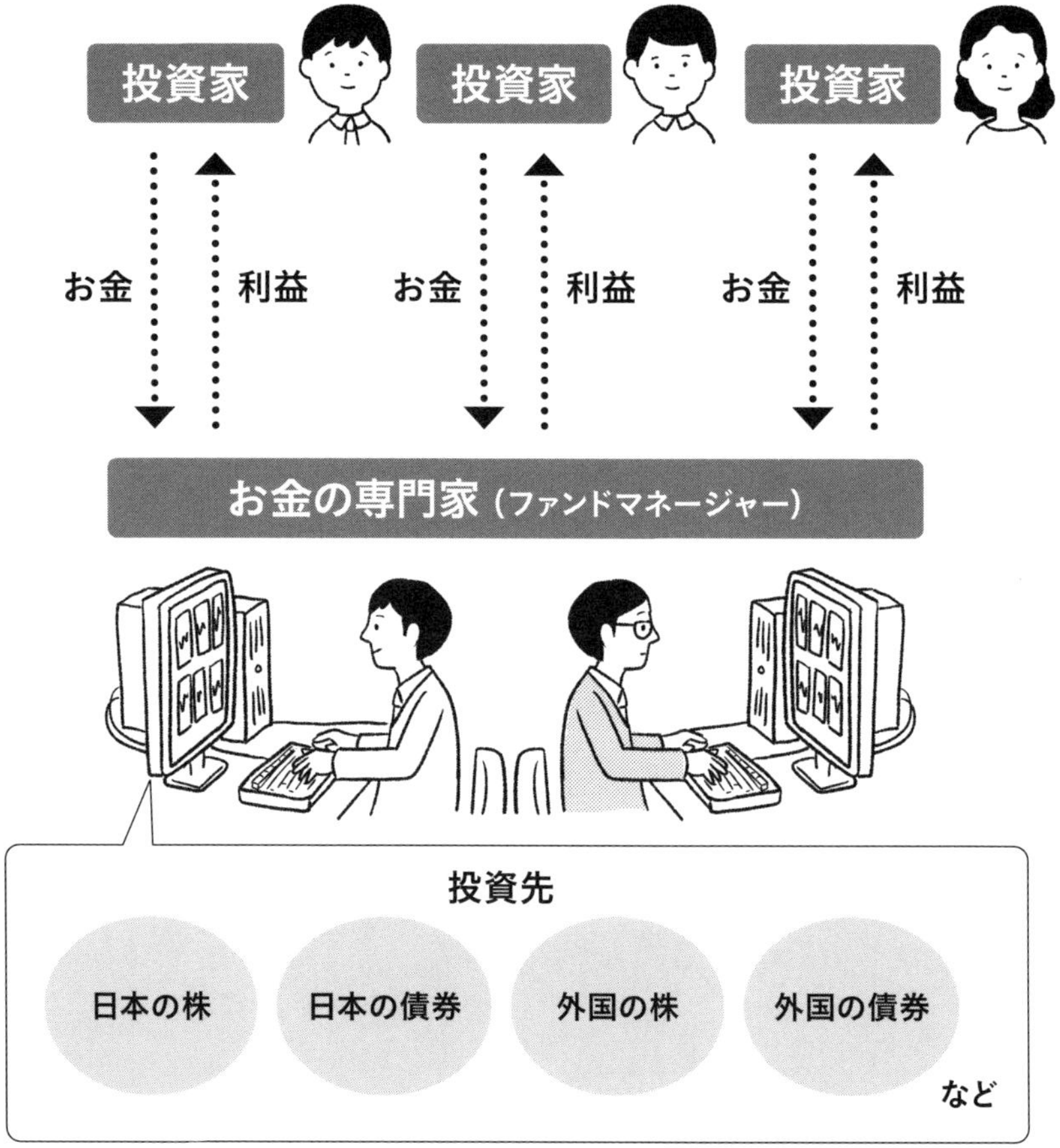

少額のためリスクも低く、投資の勉強ができるなどのメリットがありますが、手数料が割高であるなどのデメリットもあります。

13歳からでも投資はできる

「投資は大人がするもの」というイメージがあるかもしれませんね。でも、2015年にできた法律で、未成年でも投資ができるようになりました。原則として、親権者が本人に代わって取引をするので、なんと0歳から投資ができるのです。

そして、**18歳で成人すると自分が主体で取引できるようになりました。**なかには、15歳になれば本人主体で取引できる口座もあります。

投資を始めると、利益を出せる以外にも、お金の使い方を学べたり、世の中の経済状況を知ることができたりと、さまざまなメリットがあります。もし興味があったら、家の人に相談して投資用の口座を作ってもらいましょう。大人と一緒なら、安心してお金の知識を身につけられるはずです。

株の口座を開設する

15歳未満の場合、口座を開設しても原則として親権者が本人（口座名義人）に代わって取引をします。満15歳以上であれば本人が主体で取引することもできます。

1. 証券会社に口座開設の申し込みをする
2. 基本情報（名前や住所など）を記入する
3. 本人確認書類やマイナンバーを提出
4. 口座開設完了
5. 証券会社に投資資金を入金する
6. 銘柄を選んで株式を購入する

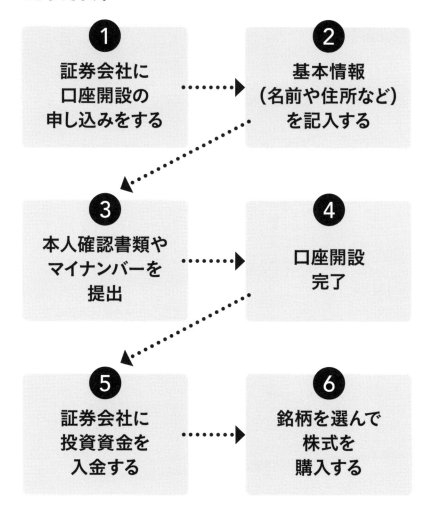

株の買い方

「株価が○円になったら買う」と予約して買う「指値《さしね》」と、いくらでもいいから、注文のタイミングで買う「成行《なりゆき》」の2種類の買い方があります。

指値　たとえば……

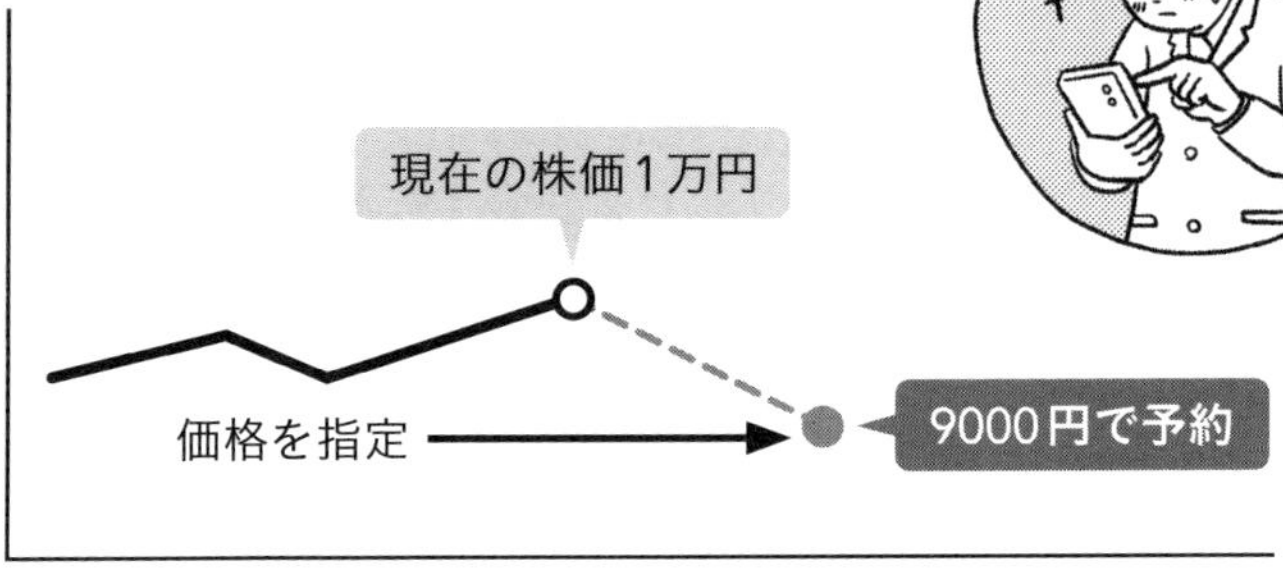

買い注文なら指値以下の株価、売り注文なら指値以上の株価にならなければ、注文は成立しない。

成行　たとえば……

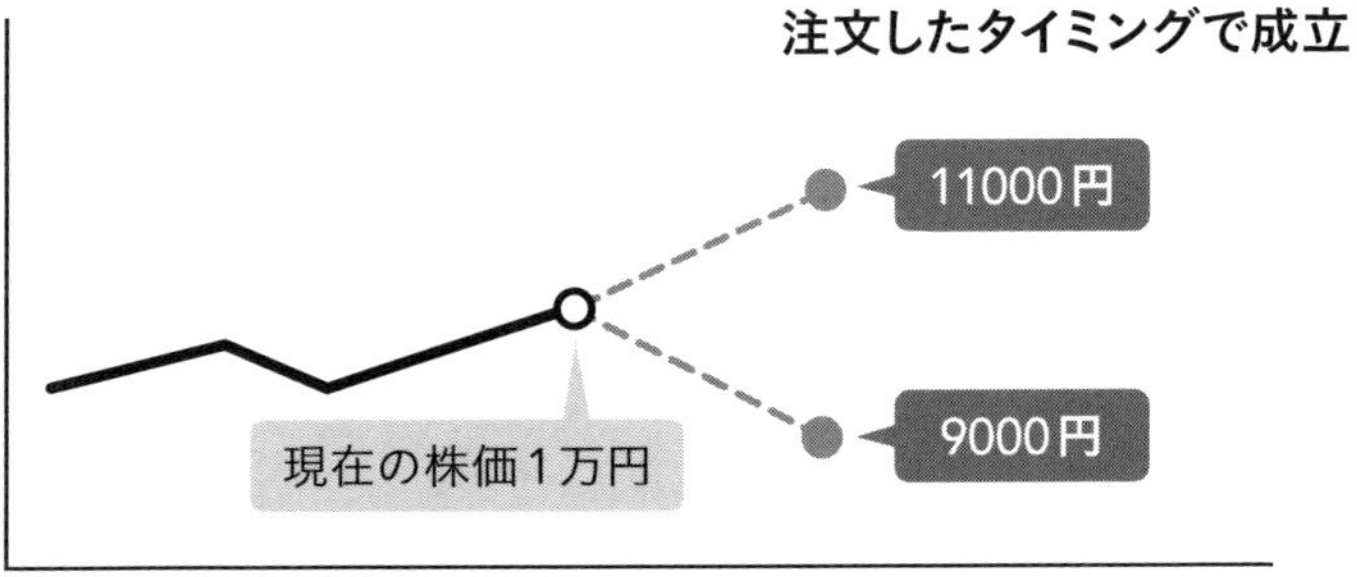

値段を指定せずに注文。売買が成立した場合、そのタイミングによって値段が決まる。

株の選び方

お金のプロに投資をしてもらう場合と、自分で株を買う場合とでは、株の選び方が違います。自分の興味や関心、性格に合うと思うほうを選びましょう。

投資信託	
アクティブファンド	あらかじめ決められた運用方針《ほうしん》のもとで、ファンドマネージャーが、企業やその投資割合などを決めて運用する。状況に合わせて銘柄の入れ替えや配分の変更が行われる。
インデックスファンド	日経平均株価などの特定の指数に連動して運用する。このため、調査や分析などは省略され、機械的な運用が行われる。指数に縛《しば》られるので、アクティブファンドより大きな利益は出にくい。
独立系ファンド	アクティブファンドの一種。ほかの金融機関や事業会社に属さない会社によって運用される。親会社や系列会社の方針や意向に縛られることなく、投資家と意思疎通《いしそつう》がしやすいのが魅力で、人気が高まっている。

株式	
商品やサービス	自分に身近な業界や会社、あるいは好きな商品などを取り扱う会社なら、親近感があり、情報も手に入れやすい。
会社のチャレンジ	ホームページなどで、どんな取り組みや挑戦を行っているか見てみよう。「応援したい」と思ったら、その会社の株を買ってみても。
会社の業績	会社の利益や売上に注目するのもおすすめ。ヒットしそうな商品を出している企業をふだんからチェックしておくのが〇《マル》。
株価のチャート	「チャート」とは、株価の動きをグラフ化したもの。それを見て、過去の株価の推移をもとに将来の株価を予想してみよう。
会社のロゴ	第一印象や直感に頼るのも1つの方法。むずかしく考えすぎずに、「このロゴ、かっこいい！」と感じた会社の株を買ってみては。

時間を味方につけた投資がおすすめ

◆1日も早く始めてほしい

ここまで、いろいろな投資についてお話ししてきましたが、**私がみなさんにおすすめしたいのは、投資信託。**安全性が高く、お金が勝手に働いてくれて、お金を増やしてくれるからです。未成年者でも投資ができるようになった今、みなさんには1日も早く始めてほしいと思っています。

私がそう思う理由は2つ。まず1つ目は、**大人になる前に金融リテラシーを身につけられること**です。「金融リテラシー」とは、簡単にいうと、お金に関する知識や判断力のこと。そう、これまでこの本でお話ししてきた「むだ遣いはNG」とか、「お小遣いのやりくりのしかた」とか、「うまい話にだまされないように気をつける」などは、金融リテラシーの基本です。

投資信託を始めると、その金融リテラシーの基本が生きてきて、さらにお金に関する知識が増え、判断力を鍛《きた》えることができるのです。

金融リテラシーが高いほど、お金のトラブルにあいにくいとされています。だから、**実際に投資をしてみて、それぞれの金融商品の長所や欠点を知り、早いうちから経験を積むことが大切。**そして何より、私は、そうやってお金が増えていくワクワク感をみなさんに知ってほしいのです。

◆時間が大きな武器になる投資信託

2つ目の理由は、**時間を味方につけ、大人になってから始めるよりもラクに、多くのお金を作ることができる**から、です。

投資は、時間が経てば経つほど増え方が大きくなります。たとえば、13歳から毎月500円投資をし、5％で運用できたとすると、20歳になった時点で、投資をしたお金の総額は4万2000円ですが、投資によって増えた分を合わせた合計は約5万円となります。ただ銀行に預けておくよりも投資をしたほうがお金が増えてお得なことがわかりますね。

「7年で8000円しか増えないの？　だったら、投資なんてしない」と思うかもしれませんが、短気は禁物。30歳まで続けると、投資したお金の合計は10万2000円となりますが、投資で増えた分を合わせた合計は約16万円。さらに、60歳まで続けると投資の総額は28万2000円ですが、投資で増えた分を合わせた合計は、なんと約110万円にもなるのです。

13歳から60歳まで47年。年数だけを考えると「やってられない」と感じるかもしれませんが、毎月500円を「ただ投資するだけ」なのできわめて安全ですし、お金が勝手に増えてくれます。投資するお金を増やして、たとえば毎月3000円（5％で運用できたとする）にするとしましょう。60歳の時点で投資の総額は169万2000円ですが、投資で増えた分を合わせた合計は、約679万円に！

お金を大きく育てるには時間がかかりますが、長い時間投資をすればするほどお金はどんどん増えます。早く始めれば、それだけお得なのは間違いありません。それが、私が「できるだけ早く投資を始めてほしい」という理由です。

13歳から毎月500円投資したら……

20歳

そんな
もんかな

投資をした
お金の合計
4.2万円

投資で
増えた分を
合わせた
お金の合計
約5万円

30歳

500円でも
コツコツ…
ちょっと貯まった

投資をした
お金の合計
10.2万円

投資で
増えた分を
合わせた
お金の合計
約16万円

60歳

3倍になった!

投資をした
お金の合計
28.2万円

投資で
増えた分を
合わせた
お金の合計
約110万円

※5%の運用利益が出たと仮定した場合

18歳になったらNISA《ニーサ》を考えてみよう

◆「NISA」がおすすめ

では、実際に投資を始めるにはどうすればいいのでしょう。

まず最初にするべきことは、証券会社を決めて口座を作ること。証券会社には、全国にお店を持ち、対面やネットで金融商品を売る店舗型証券と、お店を持たずにネットだけで金融商品を売るネット証券があります。

もし、お父さんお母さんがすでに店舗型証券に口座を持っているなら、その会社を選ぶのもいいと思いますが、そうでない場合、私は基本的にはネット証券で口座を開くことをおすすめします。ネット証券は自分で手続きをしたり商品を選んだりする必要がありますが、品ぞろえが豊富で手数料が安いのです。

日本のネット証券会社の中には、未成年が口座を開けないところもありますが、多くは郵送やメールで、未成年者名義の口座を開設できます。

証券口座を開く際は必ず、「特定口座」か「一般口座」を開く必要がありますが、さらに「ＮＩＳＡ《ニーサ》口座」も開くことができます。ＮＩＳＡとは少額投《しょうがくとう》資《し》非課税制度《ひかぜいせいど》のことで、投資を幅広く普及させることを目的として政府が導入したもの。通常、金融商品の売買で利益が出た場合、約20％の税金が課されますが、ＮＩＳＡ口座で取引をした分の利益は、非課税になります。

たとえば、１００万円分の株が１２０万円まで上がったときに売ると、利益分の20万円からその約20％の４万円ほどが税金として差し引かれますが、ＮＩＳＡ口座での取引であれば約20万円の利益が丸々自分のものになるというわけです。

18歳からNISAが始められる

未成年口座で投資信託を買うことができるのは、17歳いっぱいまで。18歳の誕生日を迎えると、未成年口座が一般口座に自動的に切り替えられます。そのとき、ぜひ始めてほしいのが、ＮＩＳＡ口座を開設し、そこで投資信託を積み立てで買っていくことです。ＮＩＳＡには「つみたて投資枠」と「成長投資枠」の2種類がありますが、みなさんにとっては「つみたて投資枠」のほうがはるかにお得です。

もし、1年あたりの利回り※6％の投資信託を積み立てで年に40万円分ずつ買い続けたとすると、20年後の利益は約７００万円。一般の口座だとそこから約１４０万円を引かれて手元に残る利益は５６０万円ですが、ＮＩＳＡ口座なら約７００万円をそのまま自分のものにできます。時間という最大の武器を持っているみなさんが、これを買わない手はないと私は思うのです。

２０２４年からスタートした「新しいＮＩＳＡ」は、積み立て期間の制限なく、1人あたり１８００万円まで投資ができて、どれほど利益が出たとしても税金は取られません。積み立て期間無制限ということは、早く始めれば始めるほど利益がたくさん出るということ。つまり、みなさんにはまさに打ってつけの商品です。18歳になったら始めることを、私は強くおすすめします。

※投資した元本から一定期間にどれくらいの利益が得られたかを表すものさし。投資金額に対する収益の割合のこと。

2024年からスタートした「新しいNISA」の制度について

	つみたて投資枠	併用できる! 成長投資枠
年間投資枠	120万円	240万円
非課税保有期間	無期限化	
非課税保有限度額	1800万円（枠の再利用が可能）	
		1200万円（内数）
口座開設期間	恒久化	
投資対象商品	長期の積立・分散投資に適した一定の投資信託	上場株式・投資信託等
対象年齢	18歳以上	

※金融庁「新しいNISAのポイント」を参考に作成

投資をする上で気をつけたいこと

◆「おいしいもうけ話」は存在しない

ここまで私は、「お金を大きく増やすには時間がかかる」、だからこそ「1日も早く投資を始めてほしい」とお伝えしてきました。実際、簡単にお金がもうけられることはありません。

資産形成（将来に向けてお金を準備すること）に近道はなく、お金を増やすためには、長い時間をかけて地道に積み立てをしていくのが、もっとも賢く、勝算のあるやり方なのです。

18歳からは、親権者の同意なく自分で投資信託が始められますが、トラブルや犯罪に巻き込まれる可能性がないとはいえません。

「うまい話には裏がある」ということわざがあることを知っていますか？　誰かに「ラクをして、かつ短期間で大金が手に入る」などというもうけ話を持ちかけられたら、相手がどんなに親しい人であっても、詐欺《さぎ》を疑って、取り合わないのが賢明《けんめい》です。

詐欺話を持ちかけてくる人というのは、人をだますことに慣れていて、非常に口がうまい。だから、だまされてしまうのですが、そういう人たちの話を聞いて信じ込まされることがないように、「おいしいもうけ話は存在しない」と肝《きも》に銘《めい》じておいてください。

◆SNSでの誘いや無料セミナーには要注意

最近、ＳＮＳやマッチングアプリ、あるいは友人・知人などを通して、仮想通貨のもうけ話を持ちかけられる事例が増えていますが、十中八九《じっちゅうはっく》、詐欺だと考えてください。実際、話に乗って投資した結果、返金されないまま相手と連絡がつかなくなる、といったケースが頻発《ひんぱつ》しています。

そもそも、「すすめられたから」と安易《あんい》に金融商品を買うこと自体、やめるべきです。これは仮想通貨に限らず、株でも投資信託でも同じです。**買う前には必ず、自分でよく調べることが大切です。ネットなどで調べられます。**

金融商品の中には、しくみが複雑なものも少なくありません。調べてみて「何だかよくわからないな」という印象を持ったものについては、投資をするのはやめておいたほうがいいでしょう。

誰でも「もうかる」と聞けば心を動かされるものですが、「何だかよくわからないもの」に自分の大事なお金を簡単に投じるのは本当に危険です。繰り返しますが「うまい話には裏がある」。この原則を忘れないようにしましょう。

さらに、このところ増えているのは、無料の投資セミナーにからむトラブルです。無料だからと気軽に参加したところ、最終的に金融商品を買わされたり、何十万円もする投資情報商材（ノウハウ本など）を買わされてしまったり、というケースもあります。とくに悪質なところでは、「お金がない」と断っても、「クレジットカードのキャッシングや学生ローンで借金すればいい」と強硬《きょうこう》に契約を迫ってくるとか。そんな目にあわないよう、重々、気をつけてください。

お金を借りるのは悪いこと？

　この本では、予算（お小遣い）の中で、上手にやりくりをすることの大切さ、おもしろさをみなさんにお伝えしてきました。お小遣いが足りなくなったからといって、友達に借りるのはＮＧ。今、買いたいと思っているものは自分にとって必要なものなのか、本当に欲しいものなのかをよく考えて、それでも欲しいならお金を貯めてから買うのが、お金との正しいつき合い方です。

　ただし、大人になると事情が違ってきます。人生設計の１つとして、家や自動車を買う必要も出てくるでしょう。自分のお店を開く、自分で会社を作るなど夢を実現するためには、大きなお金が必要です。そのように、**はっきりした目的があり、かつ「返すことができる」と考えられるなら、お金を借りるのは決して悪いことではありません。**

銀行で借りる

銀行でお金を借りるのは、まとまったお金が必要なとき。誰でもすぐに借りられるわけではなく、どんなところに勤《つと》めているか、収入があるか、担保《たんぽ》※になる資産があるかなど、貸したお金をきちんと返すことができる人かどうかが審査《しんさ》され、審査が通らなければ貸してもらえません。

※貸したお金を返してもらえなかった場合に、お金の代わりにその人が持っている土地や建物などをもらう、という約束をすること。

消費者金融で借りる

消費者金融は、お金を貸すことを専門的に行う金融機関。テレビで「ご利用は計画的に」というCMが流れていたり、電車の中でも広告を見かけたりしますね。お金を借りるときの審査が銀行よりも簡単で、担保がなくてもお金を貸してもらえます。ただし、返すときの金利が高いので要注意！

クレジットカードのキャッシング

クレジットカード会社からお金を借りる方法もあります。クレジットカードでは現金を持たずに買い物ができますが、ATMでお金を引き出すこと（キャッシング）もできます。自分のお金を引き出していると考えがちですが、それは「借金」で、利子をつけて返すのだということを忘れずに。

借りると返すのが大変！

借りたお金は利子をつけて返します。消費者金融やクレジットカードのキャッシングは、お金を借りやすい分、金利が高く設定されています。消費者金融の金利の平均は15～18％。金利15％で100万円を借りた場合、3年後には利子が24万7934円※になり、返す金額は124万7934円に！

※毎月一定額を返済する場合。

クラウドファンディングとは？

◆インターネット上で人々から資金を募る方法

お店を開きたい、事業を起こしたいというときなど、まとまったお金が必要な場合は、銀行でお金を借りるのが一般的です。ただし、銀行はそう簡単にお金を貸してくれません（110ページ）。そんなとき、役に立つのが「クラウドファンディング」です。

クラウドファンディングというのは、インターネット上でたくさんの人たちから少しずつお金を集めて、まとまったお金を作り出すしくみのことです。

たとえば、自分が暮らしている町の商店街でカフェを開きたいと思っているとしましょう。でも、開業資金が足りない。そこで、クラウドファンディング

サイト（資金が必要な人と、その人を支援したい人をつなぐサイト）に「カフェでは、地元の食材を使ったスイーツや飲み物を提供し、この町の観光に貢献します。支援をしてもらえたら、カフェで使える割引券をお渡しします。目標額は○月△日までに100万円」という記事を投稿します。これが、「クラウドファンディングを立ち上げる」ということです。

夢を叶えるための選択肢の1つ

すると、その記事を読んで「この町にカフェがあったらうれしい」「自分でお店を開くなんて、すごい。応援します！」と、賛同してくれる人たちがお金を出してくれます。「若い」「実績がない」という理由で銀行からお金が借りられない人にとっては、ありがたいしくみです。

ただし、目標額が集まらないとお金を受け取れない場合があるので、注意が必要です。

コラム

横山家のお金事情④

投資について

みなさんに「1日も早く投資を始めよう」といいながら、わが家の子ども6人のうち投資をしているのは、長女（27歳）と次女（25歳）、三女（22歳）の3人です。四女（19歳）はとても慎重な性格で、デビットカードを使うことに対してもちょっと不安があるタイプ。投資についても「自分でもう少し勉強したい」というので、本人のタイミングとペースで始めればいいかなと思っています。

五女は14歳で、まさにみなさんと同じくらいの年。「そろそろ投資を始めようかな」と考えているようです。長男（11歳）は小学生ですが、ゲーム課金などでお金を使ってしまうタイプなので、何とかお金を増やしたいと、投資についても上の3人に話を聞いているようです。

投資をしている娘たち3人は「NISA」を利用しており、さら

に長女は会社で「DC」にも加入しているようですが、いずれも成人していることもあり、詳しい投資の内容については私も妻も知りません。

基本的には、本人に任せていますが、子どもの頃からお小遣い帳をつけてやりくりをし、「家族マネー会議」も功《こう》を奏《そう》しているのか、今のところ安全、かつ確実にお金を増やしているようです。

詳しくはご紹介できませんが、長女の場合、23歳から毎月2万1000円投資をして、現在約138万円、次女は22歳から毎月2万5000円投資をして現在約92万円、三女は20歳から毎月1万8000円投資をして現在約50万円になり、利益を出しています。

ちなみに、長女が加入している「DC」。これは、企業型確定拠出年金《きぎょうがたかくていきょしゅつねんきん》のことで、「年金」とあるように、老後資金を自分で作るための制度です。個人型もあり、「iDeCo《イデコ》」といわれています。

「iDeCo」は毎月、自分の決めた金融商品を積み立てすることで、時間をかけて老後資金の準備ができるというもの。20歳から65歳になるまで、国民年金《こくみんねんきん》保険《ほけん》に入っていれば加入できます。

「iDeCo」の最大のメリットは、①掛金は全額所得控除《ぜんがくしょとくこうじょ》、②利益が出ても課税されない、③積み立て金の受け取り方によっては非課税になる、という３つの税制優遇が受けられること。お金を増やしながら節税にもなるという、なかなか魅力的な金融商品です。

この先、年金の減額は必至《ひっし》と考えられ、政府は国民に対し、自助《じじょ》努力《どりょく》（他に依存《いぞん》せず、自分の力で困難を乗り越える努力）で老後の資金を蓄《たくわ》えることを望んでいて、より幅広い層にiDeCoを普及させようと、そのための制度改正も進められています。

ただし、月々の積み立て金額は、「ＮＩＳＡ」の場合は最低１００円ですが、「iDeCo」は５０００円以上なので、わが家の娘たちも、まずは収入の多い長女から始めたようです。「iDeCo」は「ＮＩＳＡ」に比べると制約も多いので、ほかの子たちも始めるかどうかはわかりません。それも含めて、見守っていこうと考えています。

第5章

世の中のお金のことを知ろう

日本銀行って、どんな銀行？

世界各国にはそれぞれ「中央銀行《ちゅうおうぎんこう》」があり、その国の政府から独立した機関として存在しています。日本の中央銀行にあたるのが「日本銀行《にっぽんぎんこう》」。個人がお金を預けたり貸してもらったりすることはできません。

日本銀行には、普通の銀行とは違う特別な役割が3つあります。1つ目は、第1章でもお話ししたように（18ページ）、**紙幣《しへい》を発行することです。**

2つ目は、「銀行の銀行」としての役割。私たちが銀行に口座を持っているように、それぞれの銀行は日本銀行に口座を持っています。

3つ目は、「政府の銀行」としての役割。日本政府は口座を持ち、そこに国民から集めた税金や**社会保険料《しゃかいほけんりょう》**が納められます。それが国の資金となって、公共事業《こうきょうじぎょう》や年金、医療保険、公務員の給料などにあてられるのです。

役割1　紙幣の発行

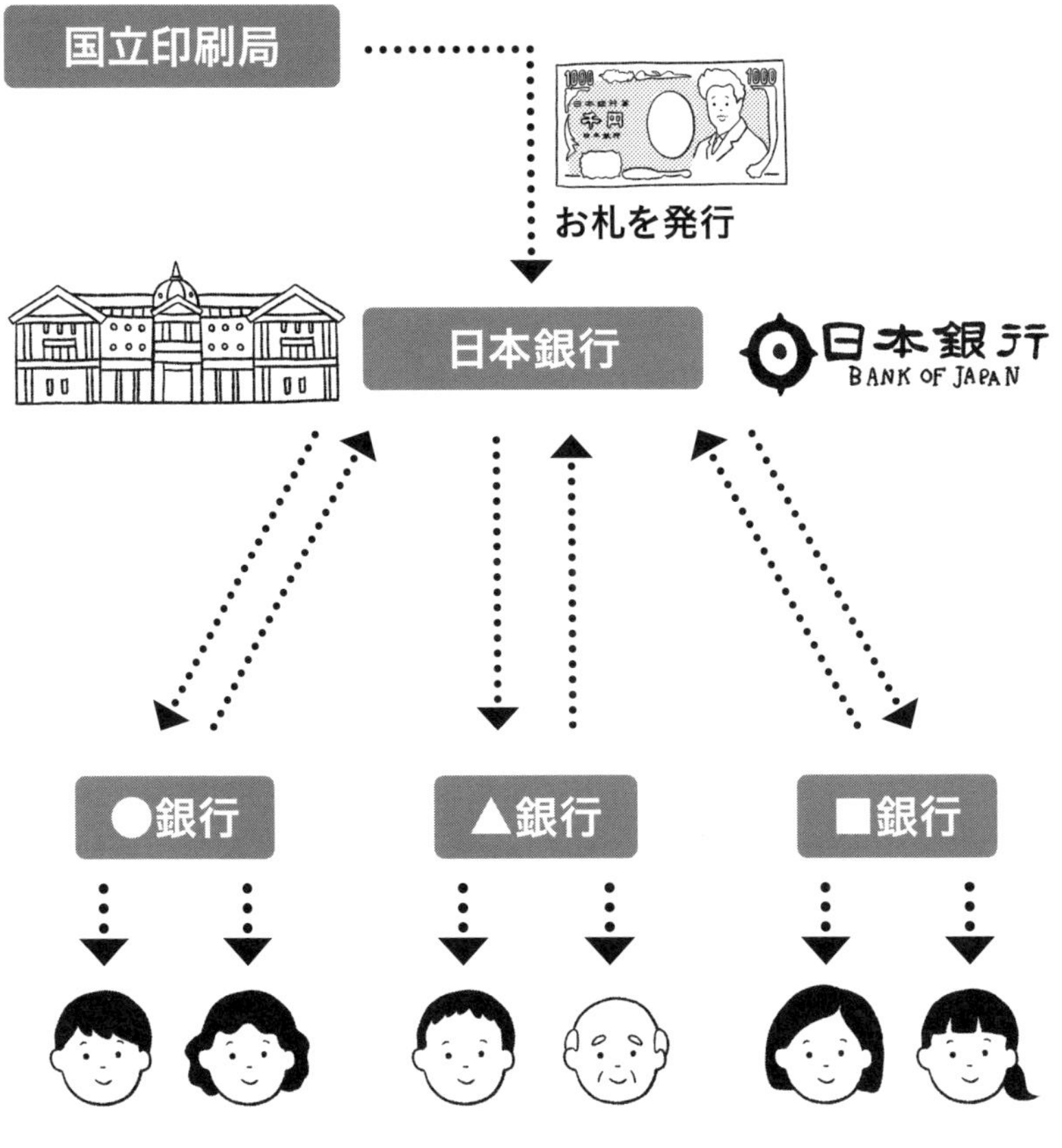

日本銀行には発券銀行としての役割があり、日本のお札（紙幣）は日本銀行が発行している。そのため、お札の正式名称は「日本銀行券《にっぽんぎんこうけん》」。国立印刷《こくりついんさつ》局《きょく》で作られたお札は、いったん日本銀行に納められ、そこから一般の銀行などの金融機関へ、そして私たちの手に渡る。日本銀行は、お金の価値が保たれるようにお札の量を調整しながら発行し、偽札などのチェックも行っている。

役割2　銀行の銀行

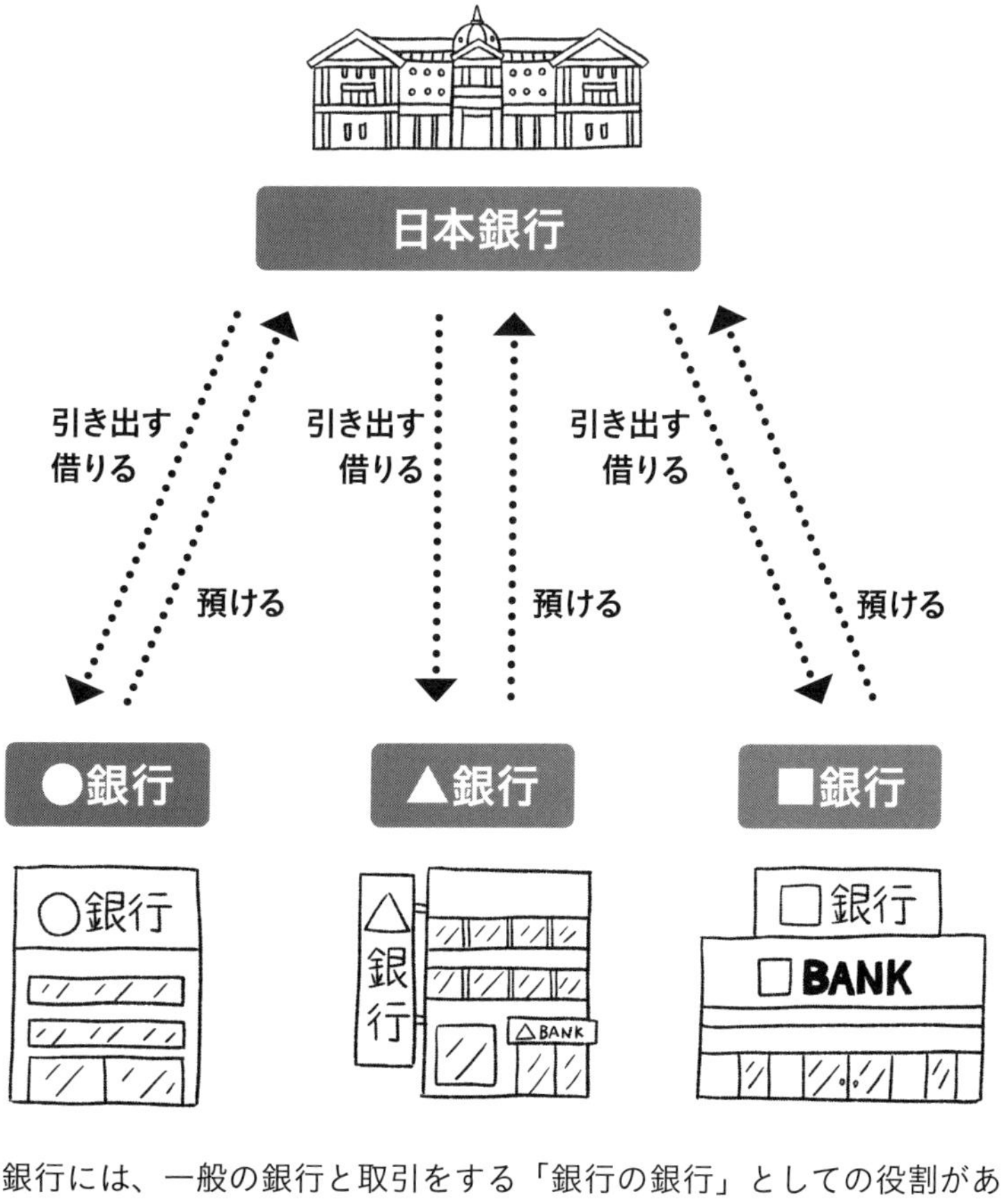

日本銀行には、一般の銀行と取引をする「銀行の銀行」としての役割がある。年末など、お金がたくさん引き出される時期には、一般の銀行でお金が足りなくなるという事態が起こることがある。そうならないために、日本銀行と取引をして、不足しないようにしている。なお、私たちが自分の口座から別の銀行にお金を振り込めるのも、日本銀行が「銀行の銀行」だから。

役割3　政府の銀行

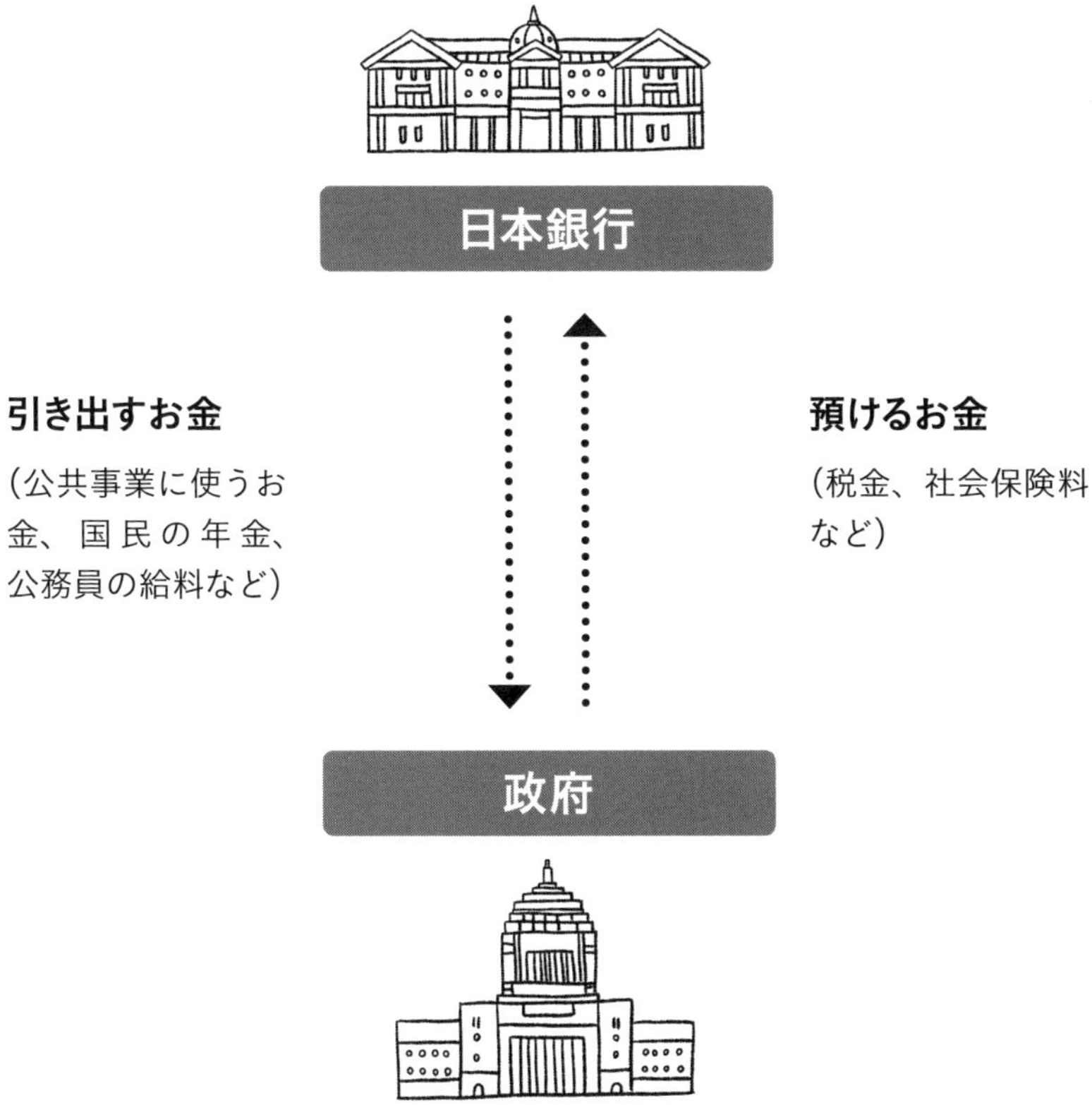

日本銀行には、政府の預金口座がある。つまり、日本銀行には「政府の銀行」としての役割がある。政府は、国民から集めた税金や社会保険料などを日本銀行に預け、そのお金を学校や道路などを作る公共事業や年金、医療保険、国のために働く人たちに支払う給料などにあてるときに、口座から引き出している。

景気って、何？

世の中にあるモノやサービスがたくさん売れると、それらを製造・販売している会社の利益が増え、そこで働いている人の給料も上がります。すると、モノを買いたい人が増え、買い物の量が増えるので経済が活発になります。この状態を「景気《けいき》がいい（好景気《こうけいき》）」と呼びます。

反対に、モノやサービスが売れないと会社ももうからず、給料は上がりません。人々は買い物を控《ひか》えるようになるので、経済は元気を失ってしまう。その状態を「景気が悪い（不景気《ふけいき》）」と呼びます。

残念ながら、日本では長く不景気が続いています。しかし、景気は「いい」「悪い」を波のように繰り返すもの。今は不景気でも、国が対策に乗り出すなどすれば、また好景気になっていくはずです。

好景気

お店にお客さんが増え、商品がたくさん売れたり、働く人の給料が上がったり、株価が上がったりするなど、経済活動が活発なことを「好景気」という。つまり、世の中を回るお金の量が多い状態で、経済が元気だということ。

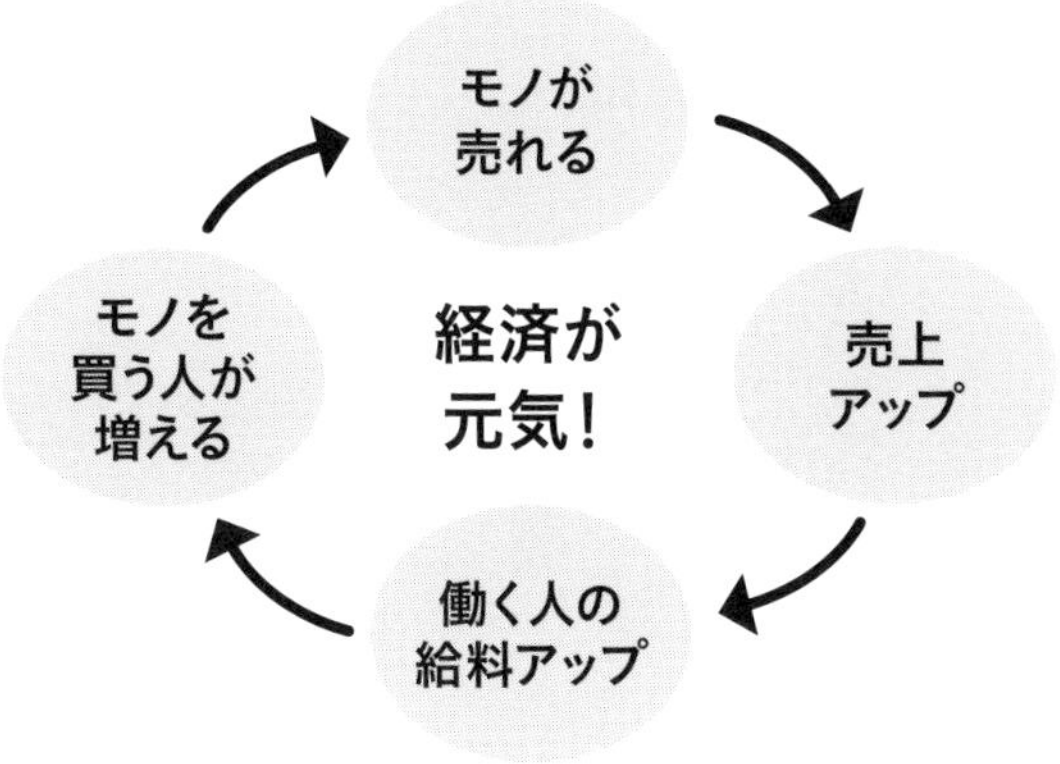

不景気

お店に来るお客さんが少なくて、商品が売れなかったり、働く人の給料が下がったり、株価が下がったりなど、経済活動が活発でない状態が「不景気」。世の中を回るお金の量が少なく、経済に元気がない状態のこと。

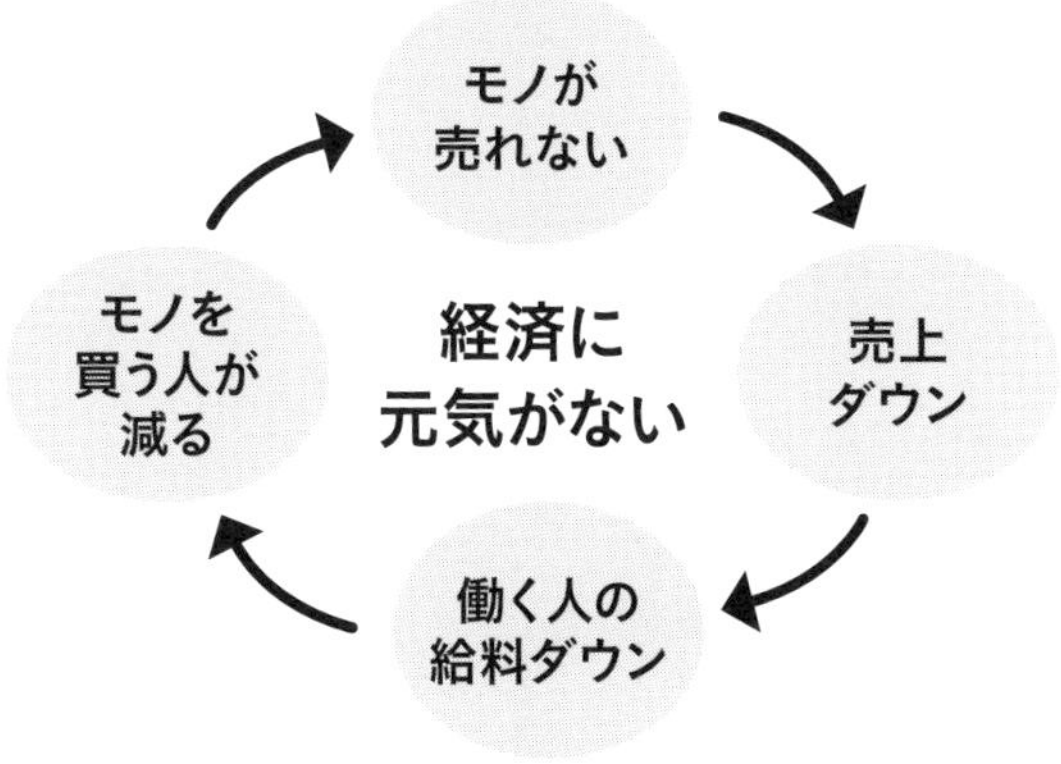

景気には波がある

たとえば、あるお店の商品がヒットすると働く人の給料が上がって好景気になりますが、その商品のブームが終わると売れなくなり、お店は景気が悪くなる……というように、好景気と不景気は繰り返して起こる。

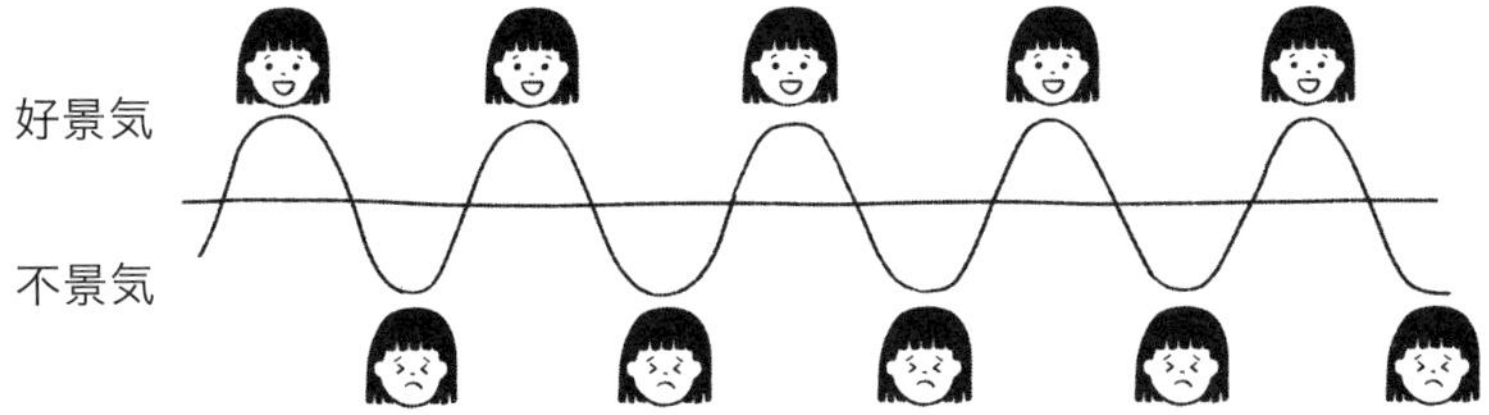

「インフレ」「デフレ」とは？

景気がいいと商品を買う人が増え、高くても商品が売れるので、商品の価格はどんどん上がります。この状態が続くことを「インフレーション（インフレ）」といいます。インフレが急に進みすぎると、給料の上昇が追いつかない状態で商品の価格が上がることになり、人々の購買意欲（買いたい！という気持ち）を下げる可能性もあります。**インフレの反対が、「デフレーション（デフレ）」。商品の価格は安くなりますが、会社の利益が減ってしまいます。**

景気が悪いときには、日本銀行が金融政策を行って、物価や通貨の価値を安定させようとします。日本政府も財政政策を行い、国民の税金を調整して、世の中の通貨の流通量を調節します。また、公共事業を行い、その地域の業者や住民を中心に、お金を活発に動かすのも政府の大事な役割です。

インフレとデフレ

インフレ	デフレ

インフレ

お金の価値が下がる

商品の価値＞お金の価値

デフレ

お金の価値が上がる

商品の価値＜お金の価値

外国のお金と日本のお金

日本銀行が発行しているお金は、日本以外の国では使うことができません。世界各国、その国で使うことができるお金は決まっているのです。これを「通貨」といいます。日本の通貨は「円」です。ちなみに、江戸時代は「両《りょう》」という通貨単位が使われていました。当時は「小判十両《こばんじゅうりょう》で首が飛ぶ」ともいわれ、10両の盗みは死刑になるほどの大金でしたが、今の価値でいえば130万円。お金の価値は、時代によって変わるのですね。

国によって、通貨の材質や大きさ、形はさまざま。お札の多くは紙でできていますが、シンガポール・ドルやオーストラリア・ドルは薄いプラスチック製です。紙幣《しへい》でも、フィリピンで2019年まで使われていた10万ペソ札は世界最大級で、縦21・6センチ、横35・6センチもの大きさ。また、ジンバブエで

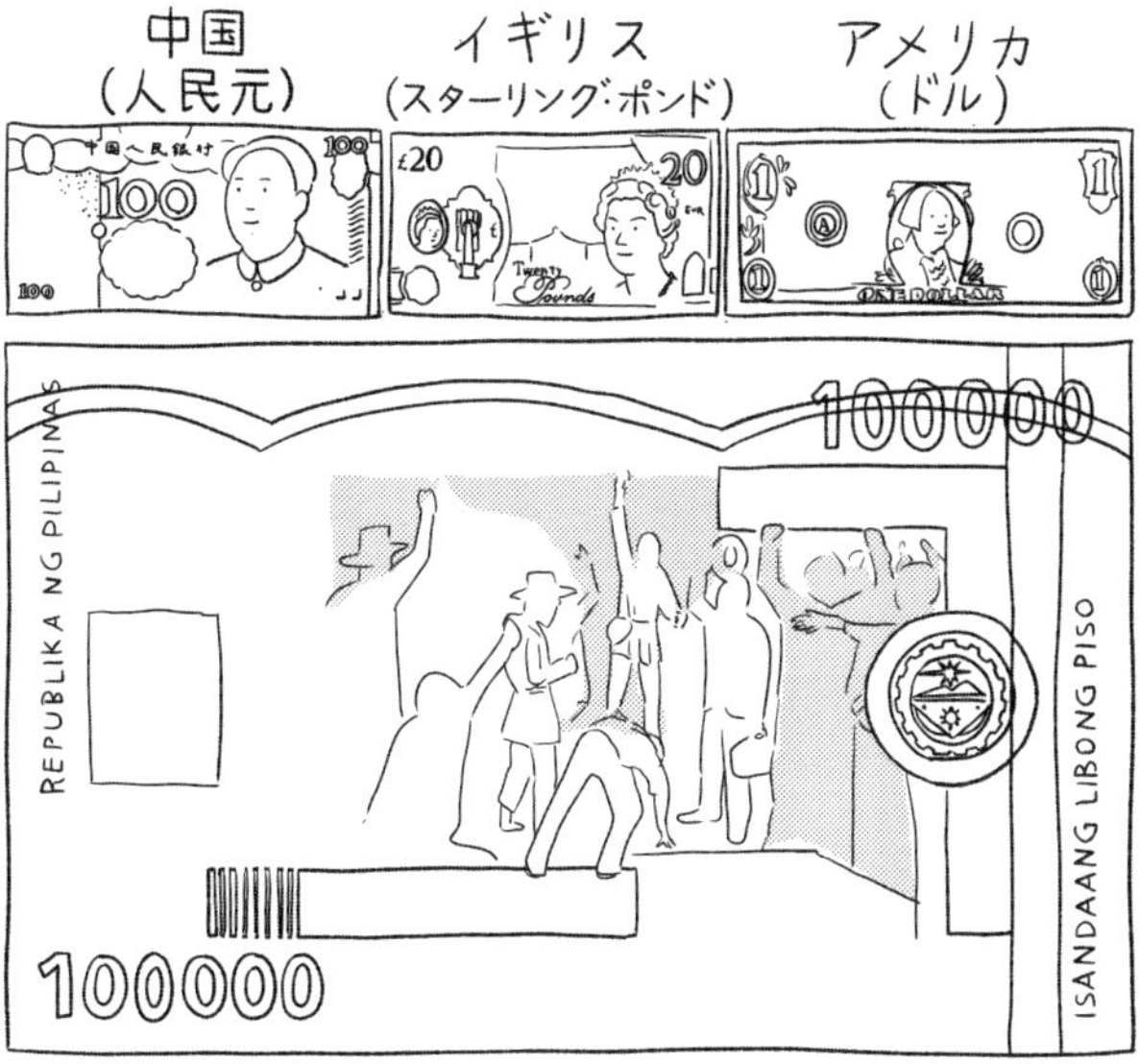

フィリピン1998-2019(世界最大級の紙幣)

は、大きさは普通ですが100兆ドルという高額な紙幣が使われていたこともあります。

大昔、中国では小刀《こがたな》のような形をした「刀銭《とうせん》」、ヤップ島では巨大な石でできた「ライ・ストーン」、ガーナ共和国のロビ族は、強さの象徴だったヘビをかたどった「ヘビ通貨」を使っていました。

外国へ行くときには、その国の通貨が必要です。そのため、私たちは日本の円をその国の通貨に交換します。

国際的にもっとも信用されている通貨は、アメリカの「ドル」(米ドル)。そのため、外国の会社などと取引をする際は、円を米ドルに交換して支払うことが多くなります。

「円が高い」「円が安い」とは？

外国へ行くとき、その国の通貨に交換します。それを「為替《かわせ》」といいます。たとえば、私たちがアメリカに行って買い物をするときは、円をドル（米ドル）に交換しなければなりません。

このとき、「いくらの円をいくらのドルで両替する」と決めることを、「外国為替《かわせ》」といいます。テレビのニュースなどで、アナウンサーが「外国為替市場の状況は～」とか「現在の円相場《そうば》は、1ドル○円△銭《せん》と、前日に比べ□銭の円高・ドル安」といっているのを聞いたことがありませんか？

外国為替の相場（ある国の通貨と別の国の通貨を交換するときの比率のこと）は世界の情勢などによって日々、変動します。

円とドルとの関係でいうと、**ドルよりも円が欲しい人が増えると、円の価値**

が高くなります。これを「円高・ドル安」といいます。反対に、**円よりドルが欲しい人が増えると、円の価値は低くなります。これを「円安・ドル高」といいます。**

たとえば、昨日は1ドル100円だったものが、今日は1ドル90円になったとします。これは、ドルよりも円を欲しいという人が多く、ドルの価値が低くなって円の価値が高くなったことを意味します。その結果、昨日は1ドルを円に交換するのに100円かかったのに、今日は90円ですんでしまう。つまり、昨日より10円得をしたことになります。これが、「円高・ドル安」です。

逆に、昨日は1ドル100円だったものが、今日は1ドル110円になっていたとしたら、それは円よりもドルを欲しいという人が多く、その結果、ドルの価値が高くなって円の価値が低くなったことを意味します。昨日は1ドルを交換するのに100円ですんだのに、今日は110円かかってしまった。つまり、昨日より10円損をしたことになりますね。

このように、**1ドルに対して円の数字が小さいほど円の価値が高く、円の数字が大きいほど円の価値が低い**ことを、覚えておきましょう。

円高と円安の意味

外貨に対して円の価値が上がることを円高、円の価値が下がることを円安といいます。その背景には、原油価格や貿易、企業の海外進出、投資家の売買などがあります。

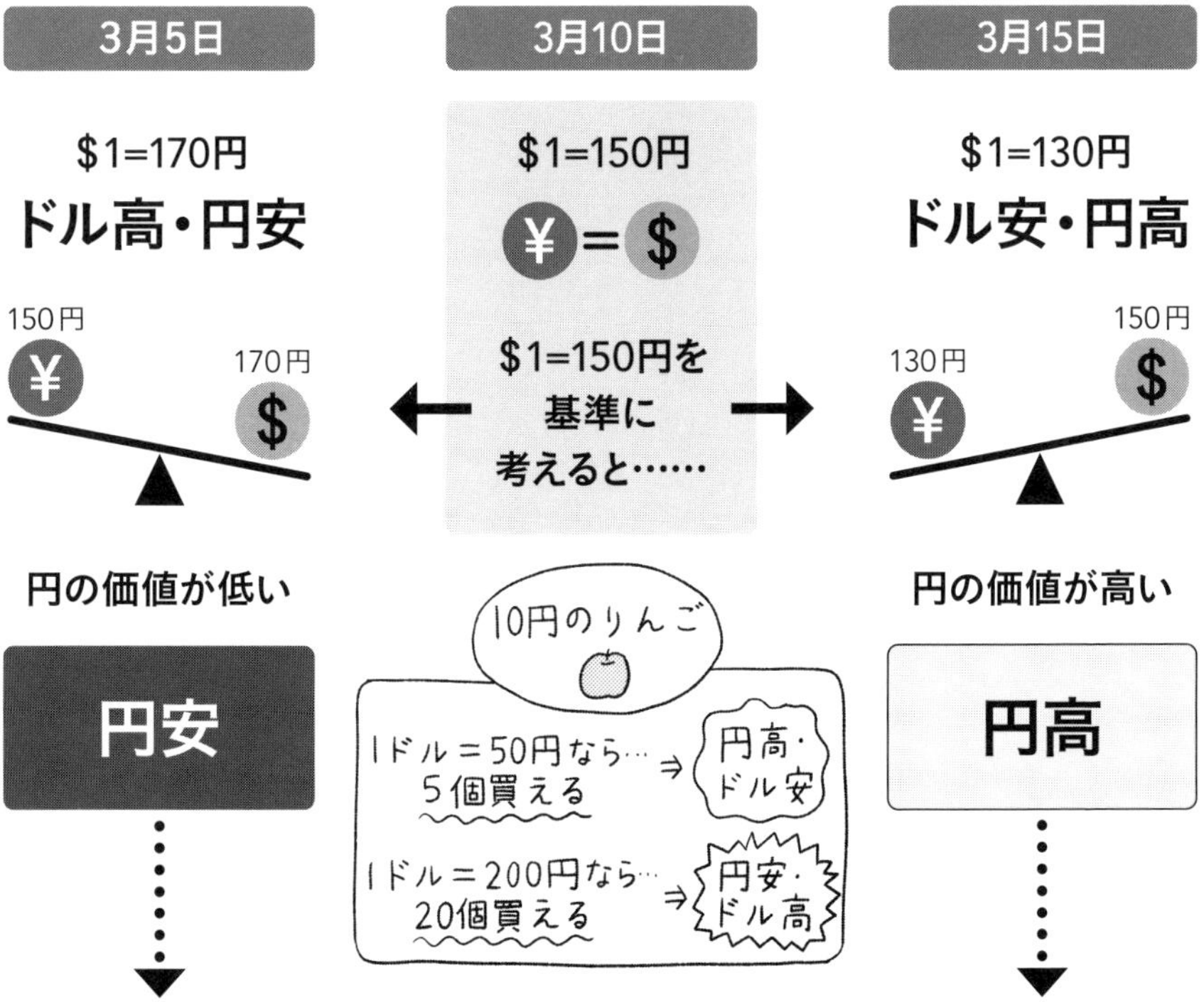

円では原油を買えないので、ドルに両替する必要がある。原油の価格が上がると多くのドルが必要になるので、円安になる。

日本企業からの輸出が増えると、ドルを円にたくさん交換するので円高になる。逆に輸入が増えると円安に。また、海外企業が日本へ進出するときは、日本で土地を買い、道具をそろえるために円が必要なので円高になる（逆の場合は円安に）。さらに、たとえばアメリカの投資家が日本企業の株を買う際は、ドルを円に替える必要があり、こういう人が増えると円高になる。

どうして税金を納めるの？

第1章の「お金はグルグル回っている」（13ページ）のところで、「大人たちは政府に税金を納めている」とお話ししましたね。

税金には2種類あります。1つは、本人が直接納める「直接税《ちょくせつぜい》」、もう1つは、買い物をした際などに代金に上乗せされている「間接税《かんせつぜい》」。直接税の代表的なものは所得税《しょとくぜい》で、間接税の代表的なものは、みなさんもノートやお菓子を買うときに代金に上乗せして納めている消費税《しょうひぜい》です。

集められた税金は、警察や消防、学校や道路など私たちが生きていく上で欠かせない場所や設備《せつび》に使われています。

国の予算には、必要なお金を集める「歳入《さいにゅう》」と、必要なところに使う「歳《さい》出《しゅつ》」があり、歳入はその半分以上を税金が占《し》めています。

税金とは、どういうもの？

みなさんが安全で健康な暮らしができるように、少しずつ出し合うお金が「税金」です。私たちは、モノを買ったり収入を得たりするとき、さまざまな税金を国や地方自治体に納めています。

会社が利益を得る

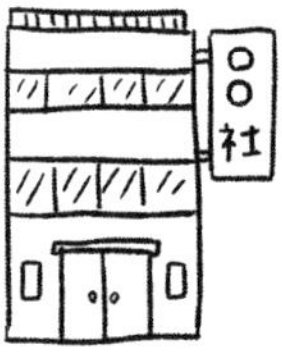

➡法人税

給料をもらう

➡所得税

モノを買う

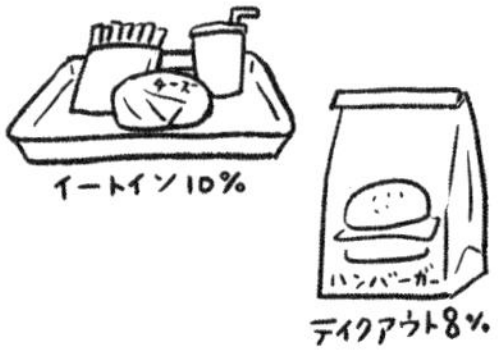

➡消費税

お酒を買う

➡酒税

自動車を買う

➡自動車税

車にガソリンを入れる

➡ガソリン税

ゴルフ場を利用する

➡ゴルフ場利用税

たばこを買う

➡たばこ税

温泉に入る

➡入湯税

輸入品を買う

➡関税

税金はどう使われている?

警察署や消防署、病院、学校など身の回りに当たり前のようにある施設や公共サービスには、ほとんど税金が使われています。公立の小中学校に無料で通えるのも、子どもの病院代がかからないのも、税金が使われているおかげ。

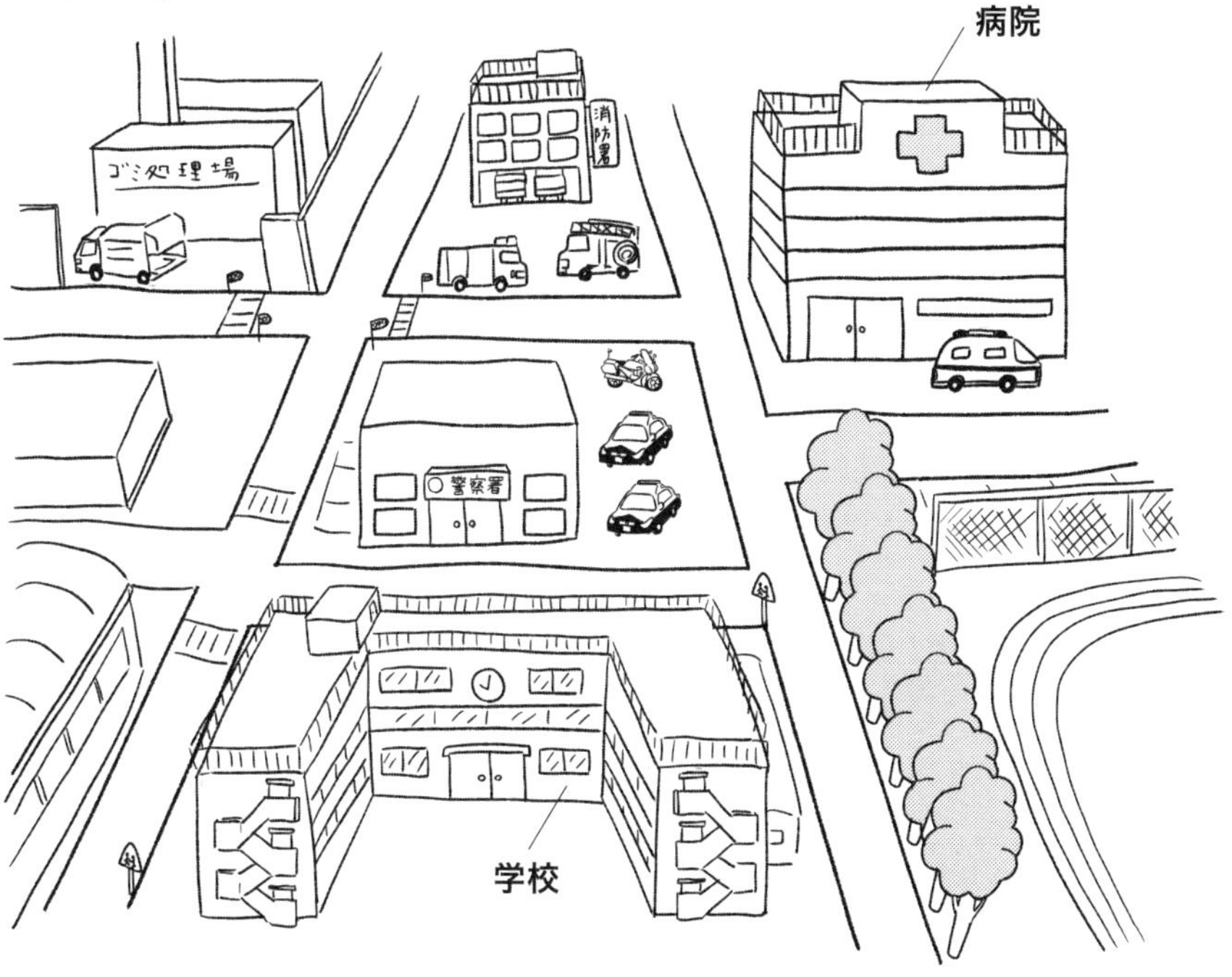

もし、税金がなかったら……
すべてにお金がかかる!

年金とは、何だろう？

大人になると、働いてお金を稼いで生活しますが、年《とし》を取ったり、けがや病気になって働けなくなってしまうことがあります。そのとき、助け合うためのしくみを「社会保障制度《しゃかいほしょうせいど》」といいます。

社会保障制度の代表格は「年金制度《ねんきんせいど》」。日本の公的年金は、20歳以上60歳未満のすべての人が加入する「**国民年金《こくみんねんきん》**」と、会社員や公務員が加入する「**厚生《こうせい》年金《ねんきん》**」があります。したがって、会社員や公務員は2つの年金制度に加入するため、国民年金だけの人に比べて、老後に受け取る年金は多くなります。

現在の年金制度は、元気な現役世代が保険料を払い、高齢者や助けが必要としている人を支えるというしくみです。しかし、少子高齢化によって支える人よりも支えられる人の数が急増中のため、制度の見直しが求められています。

公的年金のしくみ

20歳以上の人が納めた年金保険料が、高齢者の年金になります。今は、それでは足りないので、税金の一部を年金にあてています。年金は65歳から受け取れますが、年金保険料を納めていなかった人は、年金をもらえません。

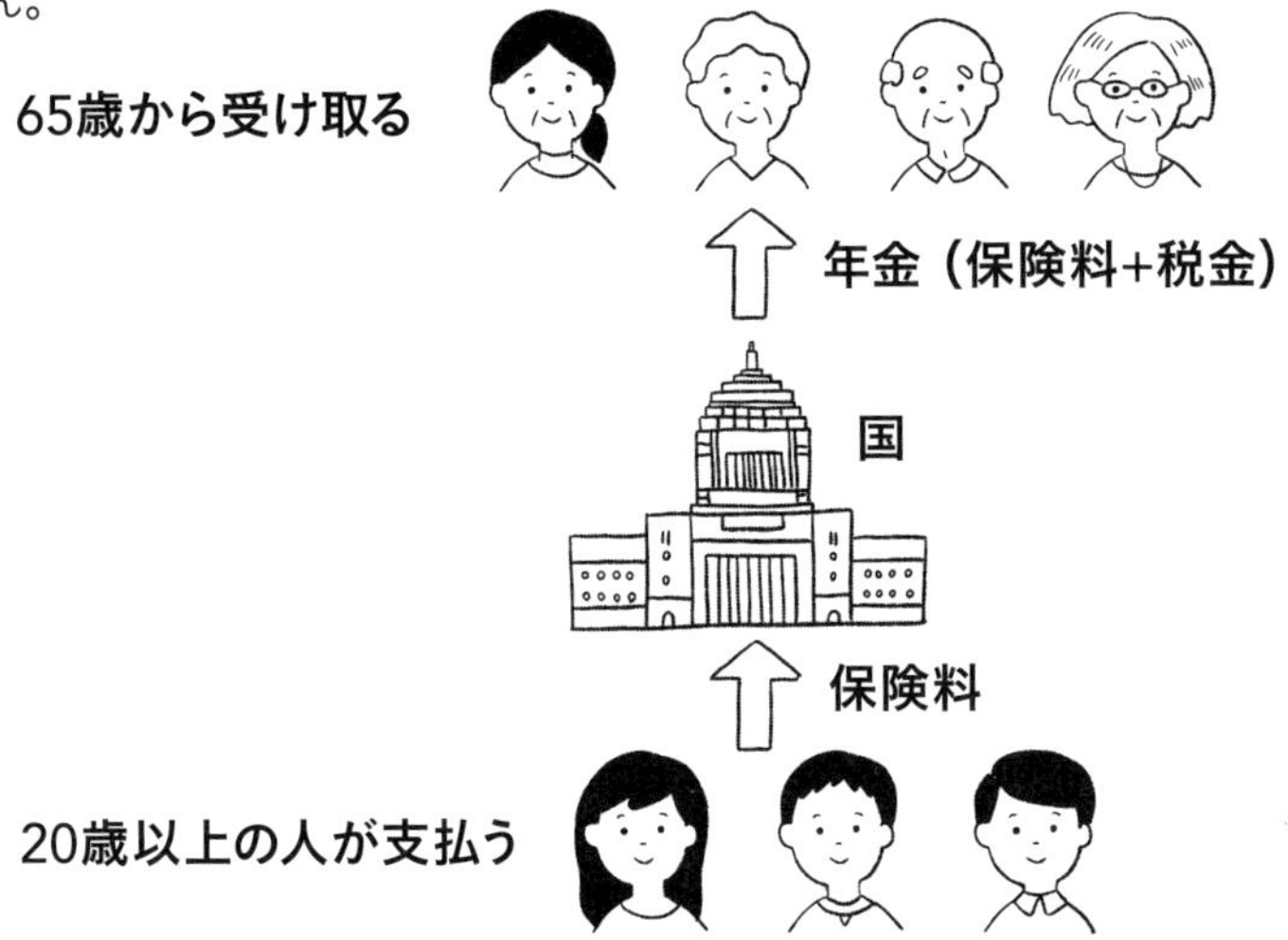

※公的年金には「遺族年金」「障害年金」がありますが、ここでは「老齢年金」について解説しています。

公的年金の種類

年金には、原則として日本に住む20歳以上60歳未満のすべての人が加入する「国民年金（老齢《ろうれい》基礎《きそ》年金《ねんきん》）」と、会社員や公務員などが加入する「厚生年金（老《ろう》齢《れい》厚生《こうせい》年金《ねんきん》）」の2種類があり、「2階建て構造」と呼ばれています。

保険について

社会保障制度でもう1つ、「保険」について説明しましょう。

保険には、さまざまな種類があります。みなさんにとって身近なものとして、まずは**「医療保険」**について。

病気をして治療が必要になったとしましょう。治療費が高いと聞くと「払えなかったらどうしよう」と不安になりますよね。でも、治療を受けなければ病気はよくならない……。そんなときに、大きな助けとなるのが「医療保険」です。病院に行くとき、保険証を見せますよね？　その保険証が、医療保険に入っている証拠《しょうこ》。医療保険に入っていれば、自分が払うのは治療費の3割ですみます（大人の場合）。残りの7割には、国民みんなから集めた社会保険料と税金があてられるのです。そのため、医療保険の正式名称は「公的《こうてき》医療《いりょう》保《ほ》

民間保険の種類

医療保険
病気などに備えるしくみ

自動車保険
自動車事故などに備えるしくみ

生命保険
その人が亡くなったとき、家族のために備えるしくみ

災害保険
火事や地震、水害などに備えるしくみ

険《けん》」です。

子どもの医療費の自己負担額は、小学校入学前までは２割、入学後は大人と同じ３割。でも、すべての都道府県で子どもの医療費に対する助成があるため、払わなくていい場合が多くなります。

公的な保険のほかに、民間の保険会社に保険料を支払って、まさかのときに備える保険もあります。医療保険もありますし、自動車事故などに備える「自動車保険」、亡くなったときに、残された家族のために備える**「生命《せいめい》保《ほ》険《けん》」**、火事や地震などに備える「災《さい》害《がい》保《ほ》険《けん》」など。さらに、大切なペットの治療費をサポートする「ペット保険」もあります。

国の借金はどうなるの？

131ページで、国の予算には「歳入」と「歳出」があるとお話ししましたね。日本の歳入（収入）のほとんどは、国民が納めた税金です。現在、この税金の合計金額が、歳出（支出）よりも非常に少ない。さらに、社会保障費が増えているので歳出もどんどん増えています。つまり、大赤字の状態です。

その赤字を補うために毎年度、国は借金をしていますが、その額はみるみるふくらんで、現在、1000兆円以上となっています。

国は、それだけのお金を誰に借りているのでしょう。8割以上は、日本銀行や民間の銀行から借りていて、借金をする際に、国は**「国債《こくさい》」**を発行しています。お金を借りるときに発行されるのが**「債券《さいけん》」**で、国が発行する債券だから国債、というわけです。

国は、国債を銀行に買い取ってもらうため、銀行に借金をすることになります。ただし、銀行のお金は私たちや会社が預けたものなので、国民が国にお金を貸しているともいえます。

「借金をするくらいなら、歳出を減らせばいいのに」と思うでしょう。でも、それがなかなかむずかしい。年金のところで少し触れたように、日本は少子高齢化が進んでいて、子どもの数より高齢者の数が多い状況にあります。つまり、年金や医療、介護などにかかるお金が増えているのに、税金や年金保険料を納める若い世代が少ないので、国の収入が増えないのです。

国も借金を減らそうと、いろいろ対策を考えています。実は、消費税を上げるのには、税収を増やして借金を減らそうという狙いがあります。現在、消費税は10％（飲食料品などは8％）ですが、この先、どこまで上がるかわかりません。

ちなみに、デンマークやスウェーデンなどでは消費税は25％と高いのですが、その分、社会保障がきちんとなされています。日本も、消費税が上がったらそれに見合うだけの、誰もが安心して暮らせる社会になるといいですね。

世の中のニュースに目を向けてみよう

ここまで読んできて、お金は世界や日本の世の中の動きと密接に関係していることが、わかったことでしょう。

とてもわかりやすい例としては、2019年12月頃から世界的に流行した、新型コロナウイルス感染症《かんせんしょう》が経済に与えた影響があります。日本を含む多くの国では、感染が広がるのを防ぐために人々に「自粛《じしゅく》」を促《うなが》して、経済活動を抑《おさ》えました。日本でも、お店や会社の営業がストップしましたし、みなさんも「なるべく外出をしないように」といわれたことを覚えているでしょう。外国人観光客もパタリと来なくなって、日本の景気は大幅にダウン。でも、感染が収まってくると景気は徐々に回復していきました。

とくに投資を始めると、日本や世界で起きていることに敏感《びんかん》になります。逆

に、世の中の流れをチェックしていると、お金の動きが予想できます。それによって、もうけることができるかも⁉

私は、みなさんに新聞を読むことをおすすめしています。テレビやインターネットでも世の中の流れをつかむことはできますが、新聞のほうがより公正な情報が得られると思うからです。

子ども向けの新聞は各社から出ていて、わが家の子どもたちも「NewsPicks for Kids（ニューズピックス フォー キッズ）」を購読しています。海外のニュースが中心ですが、楽しいイラスト入りで内容がわかりやすい。大人も「初めて知った！」という記事がけっこうあって、親子で楽しめますよ。

おわりに　～保護者の方へ

　これまで、日本の学校では「お金」についての教育を、ほとんどしてきませんでした。家族の間でもお金について話す機会を持たない家庭がほとんどだったのではないでしょうか。私自身、親には「子どもはお金のことを心配するな」といわれていました。それは、子どもに心配をかけたくないだけでなく、よそでわが家の家計についてあれこれいわれるのは嫌だ、困る、という理由もあったのでしょう。

　しかし、今はそうやってお金の話をタブー視する時代ではありません。本文中でも触れた通り、国の財政は厳しく、長く続く不景気の影響で平均年収はほとんど上がっていません。そのため、お金の悩みや不安を抱える人が増えていることを、私は実感しています。

　また、最近、20歳前後の若者がお金のトラブルに巻き込まれたり、自身が人をだます側に回ってしまうといったニュースを耳にするようになりました。お金との正しいつき合い方を知っていたら、そうしたことも防げるのではないかと、私は思っています。

お子さんたちとお金の話をすることは、親御さん自身のお金とのつき合い方の見直しにもなります。たとえば、今から子どもと一緒に投資信託を始めれば、将来的に投資信託だけで数千万円の利益を手にできる可能性も十分ありえます。そうすれば「老後2000万円問題」も怖くはありません。

お金について学ぶことは、お子さんだけでなく親御さん自身の人生も豊かにしてくれるでしょう。本書がそのきっかけになれたら、私としても幸いです。

横山 光昭

〈著者略歴〉
横山光昭（よこやま・みつあき）

家計再生コンサルタント、株式会社マイエフピー代表。支出を「消・浪・投®」に分ける家計管理と「つみたて投資」を両輪に、安定した家計運営と資産形成を目指す。相談の“現場”にこだわるファイナンシャルプランナーで、相談件数は2万6千件を超える。家族全員参加の「家族マネー会議」も評判。TV、雑誌、講演なども多数で、著書にはシリーズ累計95万部超の『はじめての人のための3000円投資生活』（アスコム）や『年収200万円からの貯金生活宣言』（ディスカヴァー・トゥエンティワン）があり、著作は180冊、累計395万部（2023年12月現在）。

参考文献（自著・監修書）・ウェブサイト
『一生お金に困らない！ 13歳からの3000円投資生活』（アスコム）
『10才からのお金の貯め方・つかい方』（永岡書店）
『18歳からの投資信託の教科書』（総合法令出版）
『るるぶ マンガとクイズで楽しく学ぶ！ お金のしくみ』（JTBパブリッシング）
財務省ウェブサイト
国立印刷局ウェブサイト

※本書に掲載している情報は、原則として2023年12月末日現在のものです。発行後に変更となる場合があります。

Staff
装幀　朝田春未
イラスト　関根美有
編集協力　鈴木裕子
校正　株式会社ぷれす
本文組版　朝日メディアインターナショナル株式会社

一生お金に困らない！ 13歳からの「お金」のキホン

2024年2月8日　第1版第1刷発行

著　者　横山光昭
発行者　村上雅基
発行所　株式会社PHP研究所
京都本部　〒601-8411　京都市南区西九条北ノ内町11
〔内容のお問い合わせは〕暮らしデザイン出版部 ☎075-681-8732
〔購入のお問い合わせは〕普 及 グ ル ー プ ☎075-681-8818
印刷所　大日本印刷株式会社

ISBN978-4-569-85633-9